Helmut Kropp

REISEN NACH OST UND WEST

Impressum

Copyright 2017 Helmut Kropp

Herstellung und Verlag

BOD – Books on Demand, Norderstedt

ISBN 9783743125124

Aus dem Inhalt

ISRAEL (2012) Flug/Busreise

Anreise und Empfang in Tel Aviv
Bat Yam und Jaffa
Caesarea und Akko
Rund um den See Genesaret
Golan-Höhen
Betlehem
Jerusalem, am Tempelberg, Via Dolorosa
Masada, Abreise von Tel Aviv

SCHWEIZ (2015) Bahnreise

Reiseplanung und Anreise nach Andermatt
Die Fahrt auf die Niesen-Pyramide
Die Schynige-Platte-Bahn
Abreise über Zürich und Lindau

WESTLICHES MITTELMEER (2016) Kreuzfahrt

Anreise über Genua mit Bus
Via Cannes nach Cagliari (Sardinien)
Besuch in Malta
Messina (Sizilien)
Über Civitaveccia nach Rom

Rundreise Israel 18.-25.1.2012

Gebucht hatte ich schon im Sommer 2011 aufgrund eines Prospektes der Fa.REWE: "Israel für 999 EUR". REWE war aber dann nicht der Veranstalter, sondern eine Firma "Clevertours" und in Israel angekommen, wurden wir von "Eshet Incoming" in Tel Aviv betreut. Na hoffentlich haben alle drei dabei was verdient.

Die Reise kostete dann aber EUR 1269,- mit EZ-Zuschlag, Halbpension (ohne Mittagessen) und Reise-Rücktrittsversicherung, dazu kamen dann noch EUR 50,- an die Führerin, damit diese Trinkgelder austeilen konnte.

Man konnte immer mit EUR zahlen, ich wechselte nur einmal 600 Shekel an einem Automaten im Yad Vashem in Jerusalem, was dann mit ca. 133 EUR am Konto zu Buche schlug, Spesen etc. inklusive.

Man konnte sich immer mit Englisch verständigen, viele Leute, ob nun Israelis, Araber oder Palästinenser sprachen uns auch gleich in Deutsch an.

Mittwoch, 18.1.2012

Diesmal musste ich am 18.1.2012 erst um 8 Uhr in München zum Hauptbahnhof starten und von dort mit dem ICE nach Frankfurt Flughafen. Auch diesmal gab es dafür wieder ein "Fahrscheinheft" mit codierter Fahrkarte München-Frankfurt Flughafen und einen weiteren Abschnitt für die Rückfahrt.

Im Flughafenbahnhof angekommen, war ein längerer Marsch zum abgelegenen Terminal C zu absolvieren, beim Schalter der El Al war eine lange Schlange. Wer zum Check-In-Schalter wollte, musste sich zuvor den Fragen einer vorgeschalteten Sicherheits-Crew stellen: Haben Sie selber gepackt, haben Sie den Koffer bis hierher immer im Blick gehabt, führen Sie Waffen ein usw. Obwohl nur dafür drei Schalter offen waren, dauerte es ekelig lange, bis man zum Check-In konnte und dort sein Großgepäck loswurde. Auch das Handgepäck musste gewogen werden, ich kannte aber die Grenzen (Normalgepäck bis 20 kg, Handgepäck maximal 6 kg) und hatte mich danach eingerichtet. Da es hieß, in Israel gäbe es kein Mineralwasser mit Kohlensäure, hatte ich 5 Flaschen a 1/2 l mit eingepackt, zwei Bierdosen dazu. Das alles kam anstandslos durch.

Noch einmal eine weitere lange dauernde Sicherheitskontrolle vor dem Einstieg ins Flugzeug: diesmal waren sogar die Schuhe auszuziehen und der Gürtel (!) abzunehmen!

Im Flugzeug angekommen, war die Überraschung groß: sehr bequeme Sitze, schönes Interieur, freundliche Stewardessen. Der Abflug war dann pünktlich und der Flug ruhig. Dem Essen lag eine Dose mit einer Paste bei, nur hebräisch beschriftet, ich frage die Stewardess: es war Humus, also Kichererbsenpaste, gut. Dem Essen lag ein Zertifikat eines Ober-Rabbi in englischer und hebräischer Sprache bei, alles sei koscher. Der Kaffee der El-Al war übrigens gewürzt, und ausgezeichnet.

In Tel Aviv waren wir dann pünktlich, die Einreisekontrollen eher lässig.

Im Terminal wartete schon ein Mädchen mit einer Tafel "REWE GROUP", die verschwand aber dann sofort und es kam Judith, gebürtige Ungarin, 81 Jahre (!) alt, mit "Hundemarke" um den Hals, die unsere Führerin in Israel diese acht Tage sein sollte.

Sie war gut bekannt in der Szene, denn sie wurde übrigens an allen Besichtigungsorten von den dort tätigen Führern und Aufsehern sofort lautstark begrüßt!

Eine Recherche ergab, dass sie im Rahmen der "Wiedergutmachung" von Deutschland betreut worden war.

Draußen vor dem Terminal wartete schon der "Osafia Tours"- Bus mit Alan, unserem Chauffeuer, ein jüngerer Araber-Druse, der arabisch, hebräisch und englisch sprach und stets ein sehr flottes Tempo vorlegte. Im Bus war sehr viel Platz für uns 18 Leute. Drusen sind im Gegensatz zu den anderen arabischen Gruppen voll in den israelischen Staat integriert, sie leisten auch Wehrdienst im israelischen Heer.

Es war schon abends, eine Stunde später als in Deutschland und es ging gleich in unser Hotel Armon Yam in Bat Yam (Judith erklärte uns mehrmals - mit Anrede: "Hören Sie zu!" - das hieße "Tochter des Meeres") südlich von Tel Aviv, direkt am Meer.

Dabei überquerten wir mehrmals die Bahnlinie nach Tel Aviv, allerdings ohne einen Zug zu sehen. Der Bus parkte dann in der Nacht direkt vor dem Hotel. Nach dem Bezug der (etwas primitiven) Zimmer gab es ein Abendessen, dasselbe wie im Flugzeug (wahrscheinlich um uns das Eingewöhnen zu erleichtern): Humuspaste, Oliven schwarz und grün, Reissalat mit Tomaten und Gurkenscheiben, Hering etc.

Hotel Armon Yam in Bat Yam

Israelische koschere Kost in Selbstbedienung zum Abendessen

Donnerstag,19.1.2012 Strecke 187 km

In der Früh gab es dann ein annehmbares Frühstück im Hotel und es war Packen und Abreise angesagt. Das Wetter war trocken, leicht bedeckter Himmel, Temperatur angenehm. Der Busfahrer hatte vorne eine Landkarte aufgehängt und die Route des Tages darin eingetragen.

Nach der Abreise ging es dann gleich nach Jaffa, das auch "Joppe" heißt, in den Landkarten steht sogar "Yafo", noch vor Tel Aviv auf unserem Weg gelegen.

In Jaffa

Wir besichtigten also zuerst die Altstadt und die Ausgrabungen von Joppe, einer 3300 Jahre alten ägyptischen Festung, mit Bibellesung durch Judith, betr. den Apostel Petrus in Joppe und Cornelius, der ihn rufen ließ, damit er seine Tochter gesund mache.

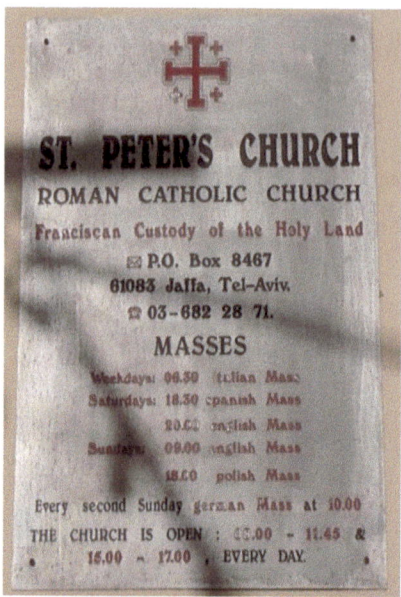

Sodann war die Besichtigung der St.Peters-Kirche sowie Blick auf Tel Aviv und das mittelländische Meer am Programm.

Durch Tel Aviv fuhren wir nur durch, auf der nahe am Meer gelegenen Straße, und bewunderten architektonisch interessante Häuser im neuen Teil von Tel Aviv vom Bus aus.

Judith sagte, die hier gepflanzten Palmen hätte man aus der Negev-Wüste hierher gebracht.

Bemerkenswert waren die zahlreichen, außen an der Gebäudefront montierten Klimaanlagen und die thermischen Solaranlagen, bestehend aus einem relativ kleinen Sonnenkollektor und angeschlossenem, im Freien angebrachten Warmwasser-Speicher

Judith sagte uns, zwischen April und November reiche das aus, das Warmwasser für die ganze Familie zu erzeugen. Die bei uns schon zahlreich zu sehenden, stromerzeugenden Photovoltaikanlagen sahen wir überhaupt nicht, dafür aber, am Meer gelegen, ein großes Kraftwerk, mit Gas betrieben, in der Sharon-Ebene.

Dann erreichten wir Caesarea National Park, eine ehemals römische Stadt, mit Ausgrabungen, Amphitheater, römischen Mauern und Festungen und einem langen Aquaedukt.

In Israel gibt es ein Caesarea Maritima (dort sind wir gerade) und weiter nördlich, in der Nähe der Grenze zu Syrien, ein Caesarea Philippi, das auch in der Bibel erwähnt wird.

Zu sehen waren auch zahlreiche freigelegte Mosaike, römische Säulen, am Boden liegend oder schon wieder aufgerichtet, oder zu einer Gruppe arrangiert. Am Gelände ein schwarzes Eisengestell, eine Art Kunstwerk, zwei Pferde vor einem Streitwagen darstellend und kurz vorher von einer Schülergruppe malerisch besetzt.

Das Aquaedukt von Caesarea Maritima

Dann ging es hinauf auf den Berg Carmel, wo in einem Drusendorf namens Uschetia das Mittagessen mit Gemüse-Fleisch-Suppe (sehr gut), Fladenbrot, Nachspeise, Kaffee und Kuchenstück um EUR 7,- inklusive Nachschlag) auf uns wartete, von Alan organisiert.

Unser Bus

Judith erklärte uns, arabische Dörfer hätten keine roten Dächer, nur Flachdächer, auf denen ggf. Tabakpflanzen gezüchtet werden, und eine Moschee sei auch dabei. In diesem Gebiet ist arabisch die erste Sprache und hebräisch die zweite Sprache.

In diese arabischen Dörfer kämen die Juden am Freitag abends und am Schabbat, um bei den Arabern einzukaufen, dann sei das Gedränge sehr groß, denn in jüdischen Gebieten seien alle Läden am Samstag zu.

Alle Araber würden hebräisch verstehen, umgekehrt sei das weniger der Fall.

Die Weiterfahrt zum Bergrücken des Carmel brachte dann den Blick hinunter auf Haifa, mit Hafen (dort lag ein Riesen-MSC-Kreuzfahrtschiff, daneben der Militärhafen), Bahai-Tempelanlage am Berghang hinunter.

Blick auf Haifa mit dem Bahai-Garten

Der Hafen von Haifa

Unten dann zeigte uns Judith baden-württembergische Wohnhäuser mit deutschen Inschriften, ein Getreidelager des Herrn Hecht aus der Schweiz mit einer enormen Taubenkolonie davor und den Bahnhof von Haifa, sogar mit einem Zug.

In einer Seitengasse ein Denkmal von Meissner, dem Erbauer der Hedschasbahn Sanaa-Jarmuktal-Haifa, die heute jedoch (seinerzeit durch die Heimatschutztruppe Haganah per Brückensprengung) unterbrochen ist. Das Getreide sei früher mit der Bahn von den Golanhöhen hierher gebracht worden, erzählte Judith.

An einer Raffinerie vorbei ging es dann nach Akko, Judith erzählte von der von den Engländern gebauten (unterirdischen) Pipeline vom Irak nach Haifa.

In Akko kamen wir zuerst an die Stadtmauer, direkt am Meer gelegen, mit der von Franziskanern in 1737 gebauten Kirche, groß das "Jerusalemkreuz" auf der Türe. Dann machten wir einen Rundgang durch die engen Gässchen der Altstadt, in der Ferne bei Haifa am Horizont sahen wir das Riesen-Kreuzfahrtschiff gerade den Hafen Richtung Westen verlassen.

Ein Metzger fuhr mit seinem Transporter in der Altstadt vor, als er die Hecktüre öffnete, hingen da diverse Schlachtvieh-Hälften (natürlich Rinder, keine Schweine). Er hängte sich auch gleich so ein Trumm um den Hals und brachte es zu seinem Laden.

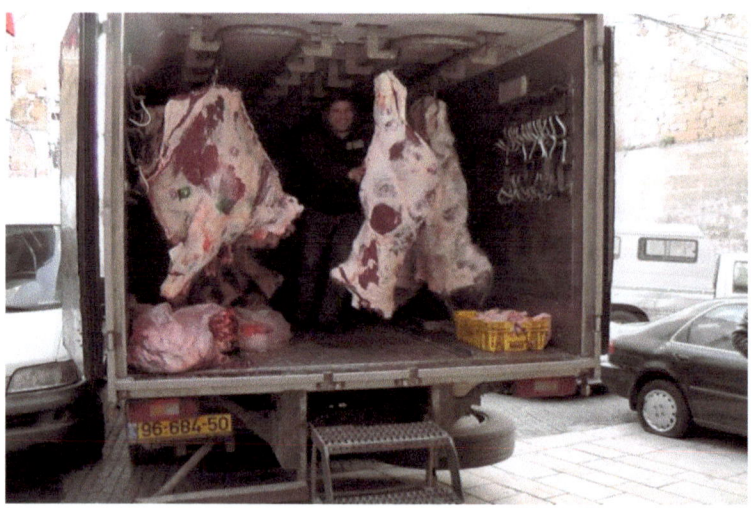

Ferner bewunderten wir zahlreiche Fischgeschäfte, Gemüse, Gewürze und Obst sowieso.

An einem Haus war eine Tafel mit einer Besuchsbestätigung von Mekka angebracht, in arabischer Sprache und mit der Kaaba drauf.

Dann kamen wir zur Karwanserei, dieses Gebäude erinnerte im entfernten an einen Kloster-Kreuzgang. Ein Granatapfelhändler hatte dort seinen Stand, aber nicht zum Mitnehmen der Granatäpfel, sondern - mit Presse bewaffnet - gleich zum Trinken des sehr gesunden knallroten Saftes.

Bei der Zitatelle kamen wir dann wieder aus der Altstadt heraus und begaben uns zum Bus zur Weiterfahrt nach Tiberias.

Dazu fuhren wir in Ostrichtung, an den galiläischen Bergen entlang. Als der See Genezareth in Sicht kam (das "Galiläische Meer"), kam zuerst das obere Tiberias und dann, mit Passieren der Seehöhe Null, also dann unter Meeresspiegel, das untere Tiberias, wo wir Hotel Prima Too gut untergebracht wurden.

Abends war dann ein Buffet und dann in einem Nebenraum ein Sich-Vorstellen aller Teilnehmer und Judith hatte eine Menge zu erzählen.

Freitag, 20.1.2012 Strecke ca. 18 km

Nach dem Frühstück im Prima Too hatte Judith "zwei Überraschungen" für uns.

Darunter verstand sie nicht im Programmheft verzeichnete Punkte bzw. angeführte Besuche.

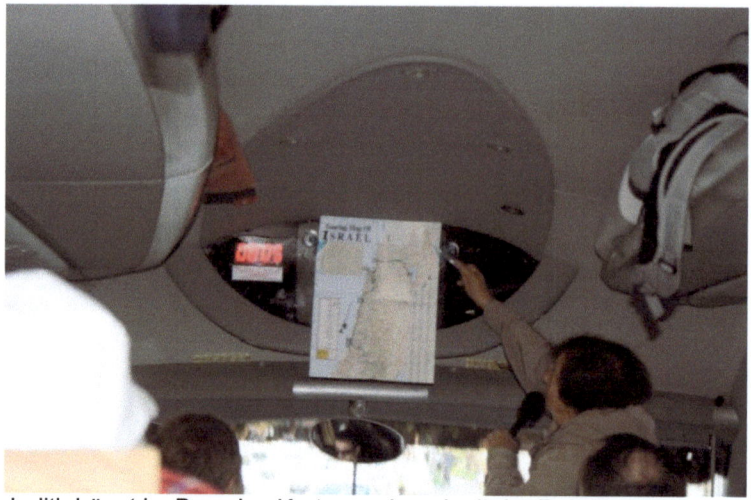

Judith hängt im Bus eine Karte von Israel mit der Reiseroute aus

Die zwei „Überraschungen" waren einmal der Besuch einer Taufstation im Jordan und weiters der Besuch eines Ladens mit landestypischen Produkten.

Wir fuhren also, von Tiberias aus, am Westufer des Sees Genezareth nach Süden, zum Ende des Sees, wo der Jordan wieder aus dem See austritt.

Dort gab es eine "Baptizing Station". In Erinnerung an die Taufe Jesu im Jordan.

Wer getauft werden wollte, zog seine Oberkleidung aus und bekam ein weißes Sackgewand übergestreift.

Damit hatte er sich anzustellen, der Andrang war groß. War es soweit, trat der Täufling in den Jordan zu den drei Männern, die dort warteten. Zwei hielten ihn rechts und links fest und der dritte packte ihm beim Schopf und tauchte ihn tief ins Jordanwasser. Die Temperatur war nicht gerade 30 Grad, aber dafür gerade noch für so ein Bad erträglich.

Dann lotste Judith den Bus zur zweiten "Überraschung", einem sehr gut sortierten Land-Laden mit mäßigen Preisen. Es gab dort praktisch alles "vom Land", also z.B. Wein, Obst, Gewürze, Gemüse, aber auch Süßigkeiten (Halwa, Baclava, tolle Bonbons usw.).

 Ich kaufte mir zwei Flaschen Wein, um Israel auch auf diesem Wege kennenzulernen, aber auch ein paar Süßigkeiten und Softdrinks

Judith sagte: "Ich habe meine Visitkarte drei energischen Damen gegeben, denn ich darf morgen nicht nach Betlehem, ich muss in Jerusalem bleiben."

Damit meinte sie, dass sie als Israelin nicht ins Palästinensergebiet nach Betlehem einreisen dürfe und vorher aussteigen müsse.

Dann zurück Richtung Tiberias, wo wir eine Bootsfahrt auf dem See Genezareth machten. Der Skipper holte sogar eine deutsche Flagge hervor und befestigte sie neben der von Israel!

Judith jedoch holte wieder ihre Lutherbibel heraus und las uns die Stelle vom Sturm am See Genezareth vor und auch vom Gang Jesu über den See. Den Witz mit den Steinen im See kannte sie aber schon. Der See hätte einen sehr niedrigen Wasserstand, die Bootsanlieger seien zu hoch und das Ufer verlande immer mehr.

Vom See aus sahen wir den schneebedeckten Berg Hermon, imposant in der Ferne, ein Teil davon ist schon in Syrien (sagte Judith).

Am Ufer des See Genezareth besichtigten wir dann das Kibbuz Ginnosar. Judith erzählte eine Menge von den Gebräuchen im Kibbuz und deren Wandel im Laufe der Entwicklung des Staates Israel.

Als eines Tages die Eltern nach der Arbeit nach Hause kamen, waren alle ihre Kinder verschwunden. Des Rätsels Lösung: Es hatte untertags eine Alarmmeldung im Radio gegeben und ein Mädchen hörte sie und sorgte dafür, dass alle Kinder den kibbuzeigenen Schutzraum aufsuchten, nun, dort waren sie noch. Ginnosar hatte natürlich auch so einen Schutzraum.

Früher seien die Wohnungen immer offen gewesen, erzählte Judith, heute seien sie versperrt und der Schlüssel in einem Versteck. Die Kibuzzim bekamen nur ein kleines Taschengeld für Wäsche und Seife, sie führten ein einfaches Leben und waren eine "Idealgesellschaft". Ein Senior mit Fahrrad wurde uns vorgestellt, das sei der älteste Kibuzzim.

Auf dem weiteren Weg nach Tiberias passierten wir Magdala, daher Maria Magdalena, sagte Judith.

Die Fahrt "um den See" ging dann weiter und in der Nähe der Stelle, wo Petrus laut Bibel den reichen Fischfang hatte, gab es dann Mittagessen im "Restaurant St.Peter", als einziges Menu "Petersfisch". Ich ließ den sein - obwohl der Kellner unaufgefordert mir einen ganzen Fisch auf den Tisch stellte, ich konnte ihn abwehren. Nachher sagten alle, der sei voll grätig und nicht besonders im Geschmack gewesen.

Der „St.Peters-Fisch"

Als ich von einem Fotoshoot zurückkam, stand ein Bier auf meinem Platz, obwohl ich keines bestellt hatte. Da wurde ich böse und verständigte Judith, die das Bier dann zurückbrachte und mich beruhigte.

Dann war Kapharnum dran, die "Stadt Jesu Christi", weiträumige Ausgrabungen, stellenweise wieder aufgebaut. Judith ließ nun ein Mädchen aus unserer Gruppe aus der Bibel vorlesen.

Dann besichtigten wir die über den Ruinen errichtete kreisrunde Kirche, am Rand des Geländes grüßte die obligate Moschee.

Auf einem der Gebäude war ein kryptisches Zeichen mit mehreren griechischen Buchstaben. Ein Führer einer anderen Gruppe hatte dazu eine schriftliche Erklärung, die er vorlas, worauf Judith ganz wild war auf diese Information und den Führer in ein heftiges hebräisches Gespräch verwickelte.

Der nächste Halt war die "Brotvermehrungskirche" (Beschriftung sogar in deutscher Sprache!), siehe Foto.

Und dann ging es hinauf auf die Golanhöhen, auf den Berg Avital, die Straße entlang waren Absperrungen und zahlreiche Tafeln "Minen!". Die sahen wir dann heute, morgen und übermorgen immer wieder vom Bus aus.

Abgestellte Panzer durften wir fotografieren.

Oben war dann eine Stellung der Israelis mit "Schützengräben" und mehreren Pappkameraden mit Gewehr im Anschlag aus Blech.

Die Frage, ob hier tatsächlich einmal miliitärische Stellungen im Krieg waren oder ob das nur für den Tourismus so hergerichtet worden war, blieb offen.

Von dort konnte man nach Syrien hinübersehen, es waren auch ein paar Wegweiser "hinüber" aufgestellt.

Als wir die Golan-Höhen besuchten, war gerade alles ruhig und keine „Zwischenfälle" vorgefallen, so konnten wir alles besichtigen.

Beim Weg zurück nach Tiberias passierten wir eine Brücke über den Jordan, der Fluss war eigentlich recht bescheiden in der Wasserführung.

Judith erzählte viel über die jüdischen Schabbat-Gebräuche, es sei z.B. Brauch, das vorgekochte Essen in einem großen Topf den ganzen Tag über auf kleinster Flamme bereit zu halten.

Samstag, 21.1.2012 (Schabbat) Strecke 232 km

In Tiberias war Ruhe auf den Straßen, fast kein Verkehr. Wir machten uns auf nach Jerusalem, über Kanaan und Nazareth und dann das Jordantal nach Süden.

Kanaan ist eine "Hochzeitsstadt", überall Läden und passende Lokale und zahllose Reisebusse, am Straßenrand hintereinander geparkt. Hier hatte bekanntlich Jesus bei einer Hochzeit Wasser in Wein verwandelt, das erste Wunder Christi.

Daneben in Nazareth, das sehr dicht verbaut ist, stiegen wir aus und besichtigten diverse Kirchen, zuerst die griechisch orthodoxe Kirche, in der gerade ein feierlicher Gottesdienst stattfand.

Daneben gibt es noch die katholische und die griechisch-katholische Kirche.

In Gedenken an den heiligen Josef besuchten wir einen christlichen Tischler in der Basarstraße von Nazareth.

So wie der Metzker in Nazareths Basarstrasse dürfte er bei uns nicht ausstellen!

In Nazareth fielen Transparente mit folgendem Text auf:

"The similitude of Jesus before Allah is as that of Adam. He created him from dust. Then said to him: "Be". And he was. The truth comes from thy lord alone. So be not of those who doubt.
Holy Quran"

oder

"And who ever seeks a religion other than Islam, it will never be accepted of him. And in the hereafter he will be one of the losers.
Holy Quran."

Nach dem Verlassen von Nazareth war links der Berg Tabor zu sehen, mit mehreren Kirchen oben.

Sodann kamen wir ins Jordantal und fuhren am rechtsseitigen Ufer entlang nach Süden. Gegenüber eine fantastische Landschaft, das jordanische Wüsten-Gebirge, zerklüftet, dazwischen der Jordan.

Judith erzählte, es gäbe jordanische Bauern, die hätten Felder auf der rechten Jordanseite und kämen herüber, die Israelis würden ihre Sicherheit im Rahmen eines Abkommens garantieren.

Dann kommt ein Kontrollpunkt des Autonomiegebietes, der aber nur lässig gehandhabt wird, wir fahren bald weiter. Auf der rechten Jordanseite zahlreiche Gemüsefelder, Dattelpalmenhaine, meist von Kibuzzim bewirtschaftet. Judith erzählt uns, vor dem Sechstage- krieg hätte es hier nur Wüste gegeben.

Dann kommt auch auf der rechten Seite Gebirge, eine Wüste. Im Jordantal große weiße Hügel, Judith erklärt, das seien Mergelfelsen und rühren vom Ur-Thetismeer her, das Material sei für nichts verwendbar.

Der nächste Halt ist bei einem weiteren "Baptizing Center".

Dieser Platz ist aber militärisch gesichert; erliegt an der Mündung des Jordans in das Tote Meer. Rechts und links die berühmten roten Minen-Warntafeln. Die üblichen Umkleidekabinen, Läden, Cafes etc.

Der Jordan hat hier noch weniger Wasser, fast nur schlammig. Auf der anderen Seite, nur ein paar Schritte durch den Jordan, ist schon Jordanien, daher die Militärpräsenz.

Wir besuchen Qumran am Toten Meer, die Ausstellung und die Ausgrabungen. In den Wänden an der Westseite des Jordantales sind Schatzsucher in den Felsen zu sehen. Man zeigt uns von der Ausstellung aus die Höhle, in der die berühmten Schriftrollen gefunden wurden.

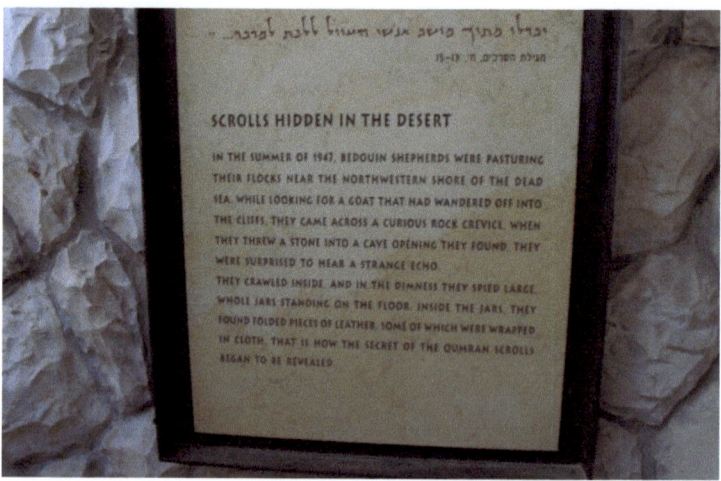

Im Hintergrund das Tote Meer

An Jericho fahren wir vorbei, es ist in der Ferne zu sehen, Judith meint, es lohne sich ein Besuch nicht.

Dann geht es nach Jerusalem, hinauf in die Berge, über eine gut ausgebaute Autobahn. Rechts und links "Beduinen"-Siedlungen mit Wellblech und Zelten. Dann arabische Siedlungen in großer Zahl.

Wir passieren erneut einen Kontrollpunkt, diesmal mit der berühmten, 16m hohen Mauer und Wachtürmen, das Kontrollpersonal hat stets ein Maschinengewehr "Uzi" umgeschnallt.

Judith erklärt uns, Ostjerusalem sei viel billiger als Westjerusalem.

Zur Einfahrt in Jerusalem wird eine CD mit dem "Jerusalemlied" (Jeruschalaim..) aufgelegt, wir erklimmen den Ölberg, der auf englisch aber nicht Oil Mountain, sondern "Mountain of Olives" heißt.

Von dort hat man einen fantastischen Ausblick auf Jerusalem, die Al-Axa-Moschee, den Felsendom, die ganze Mauerlänge, im Tal der jüdische Friedhof usw.

Blick vom Ölberg auf Jerusalem

Sofort sind Händler da, der eine bietet Kamelreiten an, der andere ein Panoramabild um 1 Euro, der dritte einen Postkartensatz, auch um 1 Euro. Das Kamel habe ich mir erspart, den anderen kaufte ich ab.

Am Abhang des Ölbergs liegen die Vaterunserkirche der französischen Karmeliterinnen, die russisch aussehende Kirche Maria Magdalena, gesponsert von einem russischen Zaren und die Kirche "Dominus flevit" (Der Herr beweint Jerusalem), die wie eine Träne geformt ist.

Da es schon fast dunkel ist, machen wir uns zu unserem Hotel in Betlehem auf. Der Bus, sein arabischer Fahrer und wir dürfen über die Kontrolle mit der Mauer in das Autonomiegebiet in Betlehem, Judith darf nicht und steigt daher vorher aus.

Auf der Tafel steht:

Entrance to Palestinian Authority Territories
No Passage for Israelians

Das Hotel "Shepherd Plaza" in Betlehem ist fromm, an der Rezeption hängt sogar ein Kreuz. Neben dem Hotel ist eine "Palestine Investment Bank".

Aus dem Hotelfenster sehe ich auf ein Unternehmen hinab, das auf einem müllabladeplatzähnlichen Gelände mit einem Radlader hantiert. Das Zimmer selber ist recht kommod, am Balkon stehen zwei große Klimagerät-Aggregate. Wenn ich am nächsten Tag nach Hause komme, hat jemand schon die Klimaanlage eingeschaltet, da die nächsten Tage recht nass und kalt waren

Es gibt ein Buffet-Abendessen, die Auswahl ist ausreichend, das Essen ok. Ich genieße einen palästinensischen Rotwein.

Nach dem Essen gehen Mike und ich noch ein wenig an die frische Luft. Allerdings sind die Gehwege typisch nicht für zügiges Wandern geeignet, es stehen Mauervorsprünge und geparkte Autos im Weg, manchmal ist auch gar kein Gehweg da. Wir kommen bei einer großen Kaserne der Palästinenser vorbei, Mike spricht den Posten am Tor an: "We are german tourists".

Leider sind fast keine Geschäfte mehr geöffnet, nur ein Friseur hat noch offen und Mike möchte mich dafür begeistern, sich von dem Friseur sofort rasieren zu lassen, da sei sicher toll. Ich konnte mich aber nicht zu dem Abenteuer "palästinensischer Barbier" entschließen, also gingen wir wieder ins Hotel zurück.

Sonntag, 22.1.2012 ca. 7 km

Um Punkt 5 Uhr ertönt der Lautsprecher der Moschee von Betlehem mit dem Gebet des Muezzins. Ich schlafe aber auf der anderen Seite und höre ihn nur gedämpft.

Nach dem reichhaltigen Buffet-Frühstück geht es nach Jerusalem, Neustadt. Es regnet heute, und es ist kalt, die Israelis sind froh, dass Regen kommt. Unterwegs nach der Demarkationslinie und vor Jerusalem steigt Judith wieder zu.

Es ging vorbei an einem "Religiösen Spital", wie Judith sagte, dann am Damaszener Tor vorbei. Wir sehen eine Windmühle mitten in der Stadt, Judith sagt, davon gäbe es zwei Stück in Jerusalem.

Unser Bus benutzte bei der sechsspurigen Straße nach Jerusalem die zentrale Busspur der öffentlichen Nahverkehrslinien. Weiter dann kam die neue Straßenbahn, statt der Busspur in der Straßenmitte. Die Straßenbahn verfügt über moderne Wagen und durchquert Jerusalem in Nord-Süd-Richtung.

Judith schleppt uns ins "Israel Museum" und zu einem Modell des alten Tempels im Freien, das Vergnügen unserseits war aber wegen des Regens und der Kälte nur sehr eingeschränkt. Leider darf man im Israel-Museum nicht fotografieren.

Dann geht es zur Knesset, dem israelischen Parlament, aus Sicherheitsgrün-den nur von außen zu besichtigen, mit einem großen siebenarmigen Leuchter (Menora) davor.

Dann besuchen wir den "Mount Zion" mit dem Abendmahlssaal.

Das Mittagessen heute besteht in dem Besuch eines Döner-Lokals in Betlehem. Das war deprimierend.

Judith hat uns zuvor schon verlassen und es kommt ein arabischer Führer. Auch er spricht perfekt deutsch und weiß eine Menge. Es geht zur Geburtskirche mit dem niedrigen Eingangstor (damit man nicht mit dem Pferd in die Geburtskirche reiten sollte).

Innen großes Gedränge vor der Geburtsgrotte mit dem Raum des "Sterns von Betlehem". Einige gehen dann mit dem Führer hinein, wir besichtigen dann die orthodoxe und die katholische Kirche. Das ist bei derart berühmten und markanten Stellen in Israel üblich, dass mindestens drei oder vier Religionen ihre Kirchen bzw. Kapellen in einer Kathedrale untergebracht haben und auch dort tagsüber Gottesdienste feiern. Wir besuchen auch die Höhlen in der Unterwelt der Kirche und der Führer meint, Christi Geburt können auch hier stattgefunden haben.

Es regnet noch immer, wie wir herauskommen und werden zu einem "Kings Store" nahe dem Grenzübergang gekarrt, in dem sich ein Geschäft mit Kreuzen, Krippen, Krippenfiguren, Büchern und anderen Devotionalien befindet.

Ich kaufe einen Rosenkranz und stelle fest, dass sonst niemand was gekauft hat....

Montag, 23.1.2012

Nach der Anreise wie gestern landen wir diesmal zum Besuch des Tempelberges bei der Eingangskontrolle vor der Klagemauer, es stehen sehr viele Leute an und die Kontrollen sind sehr streng. Der Metalldetektor spricht sogar auf die Gürtelschnalle an, man muss der Hosengürtel abnehmen und die Hose mit der Hand festhalten...

Eine Gruppe Israelis kommt als Demo mit Baldachin, Trommeln und Musikinstrumenten zum Eingang und dann blasen zwei von ihnen sogar ein Krummhorn, Schofar genannt. Sie dürfen den Tempelberg nicht betreten.

Endlich sind wir durch und gehen die schräge, gedeckte Brücke hinauf zur Al-Axa-Moschee und zum Felsendom.

Leider darf man beide nicht besichtigen, es gibt nur ein Ansichtskartenheft des Inneren des Felsendoms um 1 EUR zu kaufen.

 Wir sehen hinüber zum Ölberg, wo wir schon waren, und Judith zählt nochmals alle Kirchen auf, die wir am Abhang des Ölbergs sehen. Desgleichen die zahllosen Grabstätten der Juden am Fuße des Ölbergs, Judith sagt, diese seien keine Grüfte, der Leichnam werde sehr tief unten begraben und oben gäbe es dann die sichtbaren steinernen Monumente.

Für die Juden ist es wichtig, in Jerusalem begraben zu werden, denn dann, wie Kritiker und Lästerer sagen, wären sie in der „Pole Position", wenn der Messias kommt.

Am Boden vor dem Felsendom (dort soll Mohammed in den Himmel aufgefahren sein) sind zahlreiche, grüne Gebets-Markierungs-linien, die alle nach Mekka zeigen.

Sodann gehen wir durch verschiedene Tore der Altstadt, Tor der Baumwollkaufleute, Kettentor, Tor der Waschungen, usw., dahinter meist Kontrollen, allerdings nicht mehr so streng wie beim Zugang zum Tempelberg.

Inschrift: The chief rabbis of Israel have ruled that walking through the metal detector system does not violate Shabbat or festivals.

Zu dem und zur Klagemauer (genannt "West Wall" Prayer Section) kommen wir dann gleich, letztere hat getrennt einen Männer- und einen Frauenbereich. Judith erklärt, das "Nicken" der dort betenden orthodoxen Juden diene der Konzentration und sei keine liturgische Maßnahme.

Die Klagemauer („Western Wall")

Eine Gruppe hat sich aus dem Magazin neben der Klagemauer die Thorarollen geholt und tanzt nun zusammen mit ihrem Rabbiner um die Rollen herum, man sagt uns, das sei ein "Bar Mizwa". Andere wiederum bewerfen die Thorarollen mit Bonbons.

Der Tanz um die Thora-Rolle

Inschrift: Please use appropriate headcovering
Turn cellphones off
Do not light candles
Do not smoke
Please follow usher instructions

Sodann ist der Gang durch die Via Dolorosa hinauf auf den Berg Gologotha dran.

Einige Stationen des Kreuzweges sind markiert, die letzten vier Stationen sind in der Grabeskirche am Ende der Via Dolorosa. Dieser Weg ist gesäumt von Marktgeschäften, ist also keineswegs ein rein religiöser Pfad so wie bei unseren Kreuzwegen.

Dann besichtigen wir die Grabeskirche, beim Grab Jesu wieder großes Gedränge. Es gibt verschiedene Kirchen der drei Religionen in der Grabeskirche. Judith führt uns in die Unterwelt und zeigt uns einen echten Golgotha-Felsen und diverse Grabkammern.

Wir besuchen dann die evangelische, deutsche Kirche und das jüdische Viertel. Dort ist eine Mauer mit einer Inschrift zu sehen: Jerusalem in the first temple period 1000..586 B.C.

Zuvor führte man uns in ein Lokal zum "Mittagessen", also wieder Döner oder Pizza ("um 7 Euro!"). Da konnte ich mich fernhalten, besonders als ich sah, dass der Lokalbesitzer nach der Bestellung das Essen von einem benachbarten Imbiss holte, selber aber nichts hatte, außer der Bekanntschaft mit Judith.....

Ich kaufe einem "fliegende Händler" mit Marmelade gefülltes Gebäck ab, das war so gut, sodass dann alle von unserer Gruppe sich bei ihm bedienten und er sogar Nachschub holen musste.

Während alle mampften, kaufte ich mir im Basar eine „Kufiya", ein original palästinensisches, weiß-schwarz gemustertes Kopftuch und auf Anraten des Händlers auch den schwarzen Kopf-Ring dazu.

Dann war noch die Besichtigung von Yad Vashem dran, wir fuhren mit dem Bus dorthin. Die große Anlage ist architektonisch bedeutsam, aber die Nazi-Ausstellung in dem schmalen, langen Querbau kannte ich inhaltlich schon insgesamt. In einer nahen Synagoge sprach mich die Sicherheit an, hier sei fotografieren verboten (wie übrigens im gesamten Gelände).

Dann verkündete Judith, dass heute abends eine Fahrt mit dem Bus und Alan durch das nächtliche Jerusalem geplant sei, 2 Stunden zu 40 EUR, aber dafür interessierte sich nur einer, sodass die Nachttour entfiel.

Alan hatte vorne auch eine Schachtel mit Israel-Büchern und einer Packung CD+DVD von Israel, da griff ich zu, um 30 EUR war es mir nicht zu teuer.

Seine angebotenen Wasserflaschen (nach guter israelischer Manier ohne Kohlensäure) habe ich allerdings nicht gekauft (ich hatte eigene, siehe oben), andere langten da täglich zu.

Judith führt uns dann sogar noch - nahe dem Hotel "King David" - in einem Schmuckgeschäft (sogar mit deutschsprachiger Bedienung, das Mädchen war in Jerusalem zweisprachig aufgewachsen).

 Es gibt auch einen Vortrag über Diamanten und Brillanten und man konnte einem Diamantenschleifer zusehen.

 Ich benützte die Gelegenheit, um mir einen "Lapislazuli" (dunkel-grün) vorführen zu lassen.

Als wir vorsichtig fragen, was ein kleines, mit Brillanten besetztes, am Hals zu tragendes Kreuzchen kosten soll, wurde lange herumgedruckst, aber dann ist das Meeting gleich zu Ende:

1500 EUR (mit Rabatt und die Mehrwertsteuer gibt es bei Ausfuhr zurück)!.

Da hatte Judith wohl das finanzielle Vermögen ihrer Gäste schwer überschätzt!

Am Weg nach Hause kommen wir am alten Bahnhof von Jerusalem vorbei, leider keine Zeit zur Besichtigung!

Abends im Hotel war das Buffet geschlossen, wir bekamen statt dessen Speisen auf einzelnen Tellern serviert.

Dienstag, 24.1.2012   ca. 51 km

Alan fährt uns nach dem Frühstück eine andere Route, außen um Jerusalem herum, über eine Art Autobahn, natürlich mit einem Kontrollpunkt.

Dann besichtigten wir noch den Garten Gethsemane mit der dort befindlichen Kirche. Besonders beeindruckend waren uralte Ölbäume, schrecklich verkrüppelt, aber nach Angaben von Judith wahrscheinlich mehr als 1000 Jahre alt.

Was man alles im Garten Gethsemani nicht tun darf.....

Auf der Autobahn zwischen Jerusalem und dem Toten Meer machen wir an einem Parkplatz Halt, um die Wüstengegend, eine Metall-

Steinplastik ("Awakening") zu bewundern und das dort geparkte Kamel, aber reiten wollte keiner von uns.

Vor dem Toten Meer nochmals Halt für einen Kaffee oder ein Getränk, in der Ferne ist Jericho zu sehen. Wir sind hier etwa 400m unter dem Meeresspiegel. Man sagt uns, das Foto des Kamels koste Bakschisch, also halte ich mich ferne und benütze die Telefunktion der Kamera.

Die Fahrt geht dann weiter in den Süden, am westlichen Ufer des Toten Meeres, bis zum Masada National Park. Das ist der legendäre Festungsberg, den die Juden als letzten Zufluchtspunkt vor den Römern hatten: diese zerstörten erst den Tempel in Jerusalem und dann blieb nur mehr Masada. Die Römer belagerten den Berg und bauten sogar eine Erdwall-Rampe, um zur Festung zu gelangen. Das gelang ihnen dann auch, aber als sie die Festung betraten, hatten sich fast alle Insassen töten lassen, um nicht den Römern in die Hände zu fallen.

Zu sehen sind heute noch die Spuren des damaligen Römer-Camps.

Auf den Berg hinauf fährt eine Gondelseilbahn, die wir hinauf und hinunter benützten. Die komfortablen Treppen haben wir aus Zeitgründen nicht benützt. Oben am Plateau erklärte uns Judith die zahlreichen Trümmer der ehemaligen Siedlung und was sie

seinerzeit waren. Teilweise sind sie rekonstruiert, eine schwarze
Linie grenzt alt und neu ab.

Wieder unten angekommen, ging es zu einem Bad ins Tote Meer, zu EUR 7,-, einige suhlten sich auch in einem schwarzen Schlammbad.

Ich blieb draußen, speiste gemütlich in einem Selbstbedienungs-Restaurant "Kalia Beach" am Ufer, las ein wenig und erholte mich prächtig, auch ohne hohen Salzgehalt.

Vor dem Lokal eine Tafel "Go in Peace".

Dann fuhr uns der Bus zurück über Jerusalem nach Betlehem in unser Hotel zur letzten Nacht, zuvor Abendessen ohne Buffet, dafür aber mit einem Gruppenfoto der Runde.

Mittwoch, 25.1.2012

Um 6 Uhr schon mussten wir in der Hotel-Lobby sein, samt Gepäck und fertig abmarschbereit. Das Frühstück war ein Kaffee und ein Stück Kuchen im Stehen.

Zum Flughafen Ben Gurion in Tel Aviv führte eine gut ausgebaute Straße und Alan legte ein Höllentempo vor, als wollte er uns rasch loswerden.

Judith hingegen begleitete uns sogar bis hinter die Sicherheitskontrollen und gab uns noch Tipps, was wo zu verstauen und wie welche Frage zu beantworten sei.

Dann hatten wir das hinter uns und im Taxfree-Shopping kaufte ich noch leckere Bonbons, Halvapäckchen und Baklawa.

Auch ein Frühstück war jetzt angesagt, hatte es doch im Hotel heute morgen nur einen mageren Imbiss gegeben. Ich bestelle an einer Cafe-Bar Capuccino und Kuchen

Der Abflug war dann pünktlich, wie auch die Ankunft in Frankfurt, und nach dem Gewaltmarsch zum Flughafen-Fernbahnhof auch der ICE Richtung München (mit Umsteigen in Mannheim) pünktlich.

k/s 3-2012

Reise in die Schweiz 2015

Da bekam ich als Vereinsmitglied (VFB) - oder war es als Aktionär (DFB)? - einen Bon mit 20% Rabatt auf eine Reise mit der DFB zugesandt, schließlich habe ich mich entschlossen, am Wochenende 18./19.9.2015 zur Furka zu fahren, einmal mit der Bahn nach Realp und weiteres, noch den "Niesen" und die "Schynige Platte" am Tag darauf mitzunehmen. Letztere beide kannte ich noch nicht, obwohl ich schon einige Male bei deren Talstationen vorbeigefahren war.

Bei Bahnreisen ist eine komplette Vorbereitung wichtig, die machte ich am Internetterminal, das dauerte dann schon fast zwei Stunden, bis alles geklärt und koordiniert war.

Die Reiseplanung:

Freitag 18.9.2015 (8 verschiedene Züge, ohne DFB)

- ab München 06:30 h mit ICE 692 nach Ulm

- ab Ulm 8:05 h mit IRE 3352 nach Schaffhausen

München-Schaffhausen mit DB-Ticket und BC 50% Rabatt, danach nur mehr SBB Halbtax mit ebenfalls 50% Rabatt

- ab Schaffhausen 10:18 h mit IC181 nach Zürich
- ab Zürich 11:09 h mit IC869 nach Arth-Goldau
- ab Arth-Goldau 11:52 h mit IR2319 nach Göschenen
- ab Göschenen 13:12 h mit R643/R549 nach Realp

- ab Realp 14:15 h mit DFB nach Oberwald

- ab Oberwald 17:12 h mit MGB R nach Brig
- ab Brig 19:38 h mit BLS RE nach Frutigen, an 20:28 h

Dort Übernachtung im Hotel National, EZ 85,- (77,60 EUR) ohne Frühst.

Samstag 19.9.2015 (9 Züge ohne Niesen- und Schynige Platte Bahn)

- ab Frutigen 8:03 h mit BLS R nach Mülenen an 8:08 h

- ab Talstation Niesenbahn 8:30 h nach Niesen Kulm, an 9:00 h
- ab Niesen Kulm 9:45 h, an Talstation Mülenen 10:15 h

- ab Mülenen 10:35 h mit BLS RE nach Spiez
- ab Spiez 11:03 h mit BLS IC nach Interlaken Ost
- ab Interlaken Ost 11:35 h mit Oberlandbahn R nach Wilderswil
- ab Wilderswil 12:05 h mit Schynige-Platte-Bahn (SPB)

Bis dahin waren alles Normaltickets gewesen, aber dann hat mir die SBB ein billigeres Ticket mit Zugbindung angeboten, von Schynige Platte bis St.Margrethen:

- ab Schynige Platte 14:21 h mit R656 nach Wilderswil an 15:13 h
- ab Wilderswil 15:19 h nach Interlaken Ost mit R156, an 15:24 h
- ab Interlaken Ost 15:29 h nach Spiez mit R6727 der BLS
- ab Spiez 15:24 h nach Bern mit IC 1076 der SBB, an 16:23 h
- ab Bern 16:39 h nach Zürich mit IR 2379, an 18:02 h
- ab Zürich 18:16 h nach München über St.Margrethen mit EC 197

Von St.Margrethen nach München hatte ich dann ein DB-Ticket, so konnte ich meine Bahncard 50 einsetzen (den kurzen Abschnitt von St.Margrethen bis Lindau, eigentlich Österreich, vernachlässigt, da gabs nur 25% Rabatt mit der BC50).

```
Ticketkosten:  DB 18.9.    EUR 33,50
               SBB         CHF 31,40 bis Realp
                           CHF 26,70 bis Frutigen
       SBB 19.9.           CHF  2,20 bis Mülenen
                           CHF 25,30 bis Schynige Platte
                           CHF 55,20 bis St.Margrethen
       Ersatzticket MGB    CHF  7,00 Relp-Oberwald
                           CHF 55,00 Niesen inkl.Frühst.
               DB 20.9.    EUR 27,00
       -----------------------------------------------------------------
       zusammen EUR 60,50+CHF 202,80 (185,16 EUR) = EUR 245,66
```

Das war der Plan - wie sah es dann wirklich aus?

Freitag, 18.9.2015

Nachdem alle 7 Tickets und alle Fahrpläne ausgedruckt waren, machte ich mich dann am Freitag um 5:40 Uhr von zu Hause auf den Weg zur U-Bahn. Ich hatte beschlossen, nur mit einem Minimalgepäck (Rucksack) zu reisen, da war alles inkl.Videokamera und Übernachtungsutensilien drin, es hat sich auch diesmal bewährt.

Die U-Bahn war pünktlich um 5:52 h und am Hauptbahnhof München war ich etwa um 6:05 h. Dabei hatte ich vergessen, zu meiner Zeitkarte Isar 60 einen Streifen zusätzlich zu stempeln. Das war ganz klar 5 Minuten Schwarzfahrt in der Sperrzeit 6:00...9:00 h, das sollte sich zwar nicht hier, sondern später rächen....

Im ICE nach Ulm war genug Platz, das Umsteigen in Ulm ohne Probleme, ich besorgte mir als Frühstück dort bei der Nordsee einen Bismarckhering, der passte sehr gut. Den Kaffee lieferte dann der Trolley im Zug.

Der dröhnende Interregio-Express mit Dieseltriebwagen Typ 611 war dann recht knapp in Schaffhausen, alle liefen in großer Hast durch die schräge Unterführung zum Bahnsteig 1, der Zug nach Zürich fuhr dann auch gleich ab.

Der Anschluss in Zürich an den Neigetechnik-Zug nach Locarno war kommod, ich konnte mir am Automaten noch schnell Bargeld CHF besorgen.

Pünktlich waren wir in Arth-Goldau, da der IC nicht in Göschenen stehen bleibt, mussten wir in den regionalen IR wechseln. Und dann warteten wir am Bahnsteig 4 sehr lange...

Die Durchsagen lauteten: Der Zug ist wegen Schaden am Triebfahrzeug 20 Minuten zu spät. Nächste Ansage: In Erstfeld ist eine Stellwerksstörung (der IC war aber ohne weiteres losgefahren!).

Dann stellten sie uns sogar einen Ersatzzug mit 2 Loks vorne dran auf den Bahnsteig 4. Wir stiegen ein, aber der Schaffner kam bald darauf und warf uns wieder raus, dieser Zug wurde für die Gegenrichtung nach Luzern benötig und fuhr ab!

Endgültige Klärung: Bitte fahren Sie mit dem nächsten IR, im Taktfahrplan genau 1 Stunde später. Das war es dann mit dem Anschluss in Realp.

Kurz und nicht gut: um 15:14 h war ich in Realp DFB, vor genau einer Stunde war der Nachmittagszug der DFB, zugleich der letzte Zug an diesem Tag, abgefahren, und, wie mir Personal dort bestätigte, ganz schlecht besetzt.. Ich solle morgen wiederkommen, sagte mir der Chef vom Dienst dort, aber da hatte ich schon alle Buchungen und Tickets für andere Strecken bezahlt.

Ich habe mich dann ein wenig in Realp DFB umgesehen, ein paar Fotos gemacht und bin dann zum Bahnhof gegangen, um den Regionalzug durch den Furka-Basistunnel bis Brig statt in Oberwald bereits in Realp zu besteigen und um wieder in meinen Plan hineinzukommen.

Das ist dann geglückt und ab dann gab es weder Verspätungen noch Zugsausfälle, von den geplanten 17 regulären Zügen war nur der eine, fatale heute ausgefallen.

Mit dem Regionalzug ab Brig fuhr ich über die herkömmliche Bergstrecke (Goppenstein, Kandersteg) und nicht durch das neue BLS-Tunnel von Visp nach Spiez. Inzwischen war es schon finster geworden und ich studierte mehrmals die ausgedruckte Landkarte von Frutigen, dort musste ich ins Hotel.

Der Weg dorthin war dann sehr schlecht beleuchtet, ich musste auch über eine Brücke über einen tosenden Fluss.

Dann überholte mich ein Mädchen, die fragte ich nach der "Oberen Bahnhofstrasse". Sie war sehr nett, nahm ihre Ohrstöpsel umständlich heraus und meinte, das sei gleich vorne links, das Hotel National 30 Meter weiter.

So war ich dann am Ende des Tages, etwas frustriert, aber doch an meinem Ziel gelandet. Die Wirtin freute sich sehr, mich zu sehen.

Ich war noch zeitgerecht für mein Abendessen gekommen (Wokgemüse mit Crevetten, sehr gut).

Die Nacht habe ich dann einigermaßen gut geschlafen.

Samstag, 19.9.2015

Da es Frühstück erst um 1/2 8 h gab, was zu knapp gewesen wäre, lief ich gleich zum Bahnhof Frutigen und erreichte auch den BLS-Regionalzug.

Der aber fuhr dann verkehrt aus Frutigen ab, was mich verwirrte.

Ob das ein Kopfbahnhof war oder nur für meine gewünschte Verbindung, konnte ich in der Eile nicht klären.

Die „Niesen-Pyramide"

Ich war jedenfalls kurz hernach in Mülenen, am Fuße des Niesen (auch "Niesen-Pyramide" genannt) und kaufte mir eine Karte für Berg- und Talfahrt sowie einen Bon für das Frühstück oben in Niesen Kulm, zusammen Wochenendtarif mit Halbtaxabo 55 CHF.

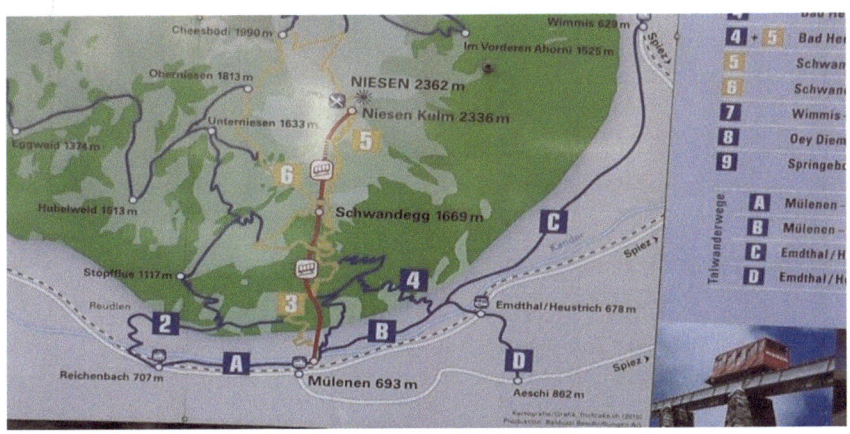

Talstation der Niesenbahn in Mülenen

Diese Standseilbahn von Mülenen nach Niesen Kulm hat zwei Abschnitte, man muss unterwegs einmal umsteigen.

Die Steigung ist 660 Promille, es ist die längste Standseilbahn Europas. Jede Strecke hat zwei Wagen, der eine fährt bergauf, der andere bergab und dann wieder umgekehrt.

Neben den Schienen der Standseilbahn verläuft eine Treppe, die hat 11000 Stufen und ist im Guiness Buch der Rekorde als längste der Welt registriert. Aus Sicherheitsgründen darf man sie nicht begehen.

Ausnahme ist der jährliche "Niesenlauf", der Rekordhalter brauchte dafür etwa 56 Minuten!

Jede halbe Stunde fährt eine Kabine hinauf, die Fahrzeit gesamt ist ebenfalls eine halbe Stunde. Das Wetter war sonnig und trocken, die Berge teilweise mit Wolken versehen.

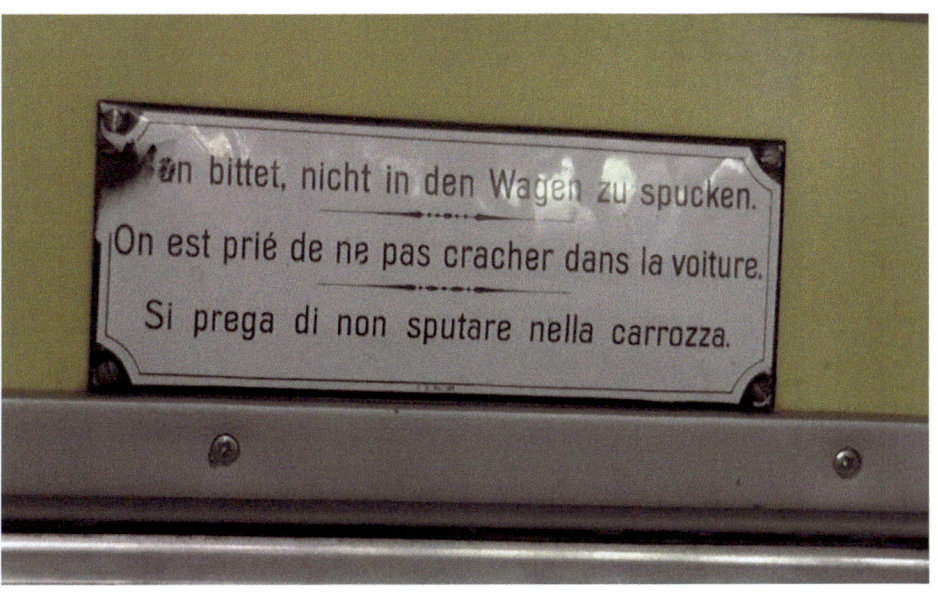

Oben angekommen ging es gleich frühstücken mit Aussicht auf 2300m Seehöhe.

Es gab Rührei mit Speck, Schinken, mehrere Marmeladesorten, ausreichend Kaffee und Organgensaft und Apfelkuchen und ein Sortiment an Broten.

Draußen traf ich einen "Athleten", der auf Befragen mir erzählte, er sei soeben in 2 Stunden von Mülenen bis heraus gelaufen.

Dann war die Weiterreise nach Plan angesagt, Talfahrt um 9:45 Uhr.

Dann waren zur Weiterfahrt zur Talstation der Schynige Platte Bahn drei Züge zu benützen:

Der Anschlusszug in Mülenen war pünktlich und über Spiez und Interlaken Ost war dann Wilderswil mit der Berner Oberlandbahn (Zugteile nach Grindelwald und Lauterbrunnen) erreicht.

Die Passagiere der Berner Oberlandbahn (BOB) sahen alle mitleidig auf uns Aussteigende, die da nicht zu Eiger, Mönch und Jungfrau weiterfuhren (aber dort war ich schon zweimal).

Doch sie haben hier was versäumt!

In Wilderswil ist das Betriebszentrum der "Schynige Platte Bahn", die wollte ich heute kennenlernen.

 Neben den putzigen Personenwagen gab es eine große Anzahl von Elektroloks urtümlicher Bauart zu bewundern, in bestem Zustand, für die elektrisch betriebene Bahn auf die Schynige Platte.

Die Berner Oberlandbahn (BOB)

Die Schynige Platte Bahn

Blick in den Maschinenraum der Lok der Schynige Platte Bahn: man beachte die zwei Schmieröl-Behälter!

Diese Schmalspurbahn fährt durchgehend auf 800mm Spurweite mit der Riggenbachschen Leiterzahnstange und braucht bei ca. 10 km/h für die 7 km lange Stecke mit maximal 250 Promille Steigung etwa 50 Minuten bis hinauf. Es gibt zwei Ausweichen unterwegs.
Die Loks fahren mit 1500 Volt Gleichspannung, wie mir der Lokführer erklärte. Die Lok ist grundsätzlich immer am talseitigen Ende des Zuges tätig, was bremstechnisch vorteilhaft ist.
 E-Lok der Schynige-Platte-Bahn

Die komplizierte Zahnstangen-Weiche

Es gibt daneben noch eine wunderschöne, blankgeputzte ölgefeuerte Dampflok H2/3. Deren Zug kam uns dann bei der Talfahrt entgegen und sorgte für eine große Aufregung unter den Fahrgästen.

Die Fahrt hinauf war sehr schön, das Wetter wurde besser und die Aussichten auf das Berner Oberland, den Thuner See und den Brienzer See waren großartig.

In Breitlauenen auf halber Strecke ist ein kleiner Bahnhof mit Buffet, bewirtschaftet von zwei Damen

Thuner See

Blick von der Bergstation der Schynigen Platte Bahn

Zum Essen gab es gleich bei der Bergstation beim Kiosk eine Hirschgulaschsuppe aus dem mit Holzkohle beheizten Suppentopf, in einem Schweizer Armeegeschirr („Gamelle" genannt) serviert, sodass ich gar nicht mehr zum Gipfelrestaurant gehen musste.

Ein Gast lobte die Suppe sehr lautstark, worauf ich den Liedtext zitierte: Ich schieß den Hirsch im wilden Forst, im tiefen Wald das Reh... da unterbrach mich der Mann sofort und sagte, er sei auch im Gesangsverein, dort kenne man das Lied.

Hirschgulach Schynige Platte

Dann war die Talfahrt hinunter nach Wilderswil anzutreten.

Ich hatte Bedenken wegen des Anschlusses in Widerswil an die Oberlandbahn, weil die Talfahrt mir so langsam vorkam. Aber es klappte dieser Anschluß, der in Interlaken Ost, der in Spiez und auch der im Tunnelbahnhof Bern.

Dort aber stand ein IC mit sofortiger Abfahrt nach Zürich: da wusste ich, warum mein Ticket billiger war, ich musste den IR nehmen, der später fuhr, öfter stehen bleibt und der auch nur schwach belegt war.

Aber: wichtig war der Anschluß in Zürich an den direkt nach München fahrenden Euro-City mit Schweizer Wagen und Speisewagen, den ich sehr schätze und der hoffentlich bald wieder über die Memminger Strecke und elektrisch fahren wird. Im Moment fährt er noch über das Allgäu und mit zwei stinkenden Dieselloks 218.

Erst hieß es im Züricher Lautsprecher, direkt bis St.Margrethen, das glaubte ich nicht. Der Zug hatte jedoch dann die üblichen Aufenthalte in Zürich Flughafen, Winterthur und St.Gallen.

Es gab auch einen Trolley-Service am Platz und für mich ein Schweizer Bier Marke "Feldschlößchen".

In der Vierergruppe auf der anderen Gangseite gegenüber saßen zwei Mädchen, die hatten lautstarke Konversation in Schwyzerdütsch, mit einander und mit ihren Smartphones, dauernd, die ganze Zeit.

Da überlegte ich mir: das ist ja ein internationaler Zug, fahren die nach Österreich oder gar nach Deutschland, schwätzen sie dann auch in Deutschland so weiter? Ich dachte mir, die steigen sicher vorher aus, und tatsächlich verschwanden sie beim Halt in der Grenzstation St.Margrethen.

In der nächsten Vierergruppe saß ein koreanisches Ehepaar mit zwei Riesenkoffern, einer hatte keinen Platz zwischen den Sitzen, den hatten sie neben sich stehen. Bei jeder Kurve rutschte der dann hinüber zu den Nachbarn, bis sie ihn gesichert untergebracht hatten.

Offensichtlich wollten sie nach München. Der Mann stand unterwegs mehrmals auf und setzte sich auf andere Plätze im nur halb belegten Wagen, seine Frau blieb sitzen und döste vor sich hin.

Nach Bregenz waren da urplötzlich zwei schwarzgekleidete Polizisten da, die wollten von den Koreanern die Pässe. Das verstand er nicht, aber seine Frau konnte englisch sprechen und die Kontrolle verlief in Ordnung. Uns normale Sterbliche würdigten sie keines Blickes.

In der Wagenmitte allerdings trafen die Polizisten auf einen ausländisch aussehenden Reisenden, der hatte nichts vorzuzeigen, den nahmen sie gleich mit:

"You are in custody!" sagte der eine Polizist zu ihm, also war er verhaftet.

In Lindau (Kopfbahnhof) war der Koreaner verstört, weil der Zug die Richtung wechselte und diskutierte längere Zeit mit seiner Frau.

In Kempten und in Buchloe war noch ein Halt, dann waren wir mit nur 20 Minuten Verspätung in München angekommen. Das Oktoberfest war an diesem Samstag gerade eröffnet worden, also gab es das übliche Bahnhof-Chaos, Lärm, Menschenmassen, Biertrinker usw.

Ein Besoffener hechtete von außen mit den Füssen in Fensterhöhe auf die abfahrende S-Bahn, dass dem nichts passierte, war ein Wunder.

Mit der Furka hats dieses Jahr zwar nicht mehr geklappt, aber Niesen und Schynige Platte waren großartig, trotz des gewaltigen, logistischen Aufwandes –immerhin ohne eigenes Auto.

k/s 9/15

Kreuzfahrt „Westliches Mittelmeer" mit MSC Armonia

23.4.-30.4.2016

Mit MSC „der weltweit größten, privat geführten Kreuzfahrtgesellschaft. Seit Generationen sind die Meere die Leidenschaft unseres Familienunternehmens." (Eigenwerbung).

Ferner: „Wobei auf unseren Reisen nicht nur die unterschiedlichen Ziele zählen…Wir kümmern uns um Ihr Wohl: Mit einem fantastischen Unterhaltungs-, Sport-, Erlebnis-und Wellness-Angebot. Aber auch kulinarisch schicken wir Sie auf Reisen…"
.
Reiseroute: Genua-Marseille-Menorca-Cagliari-Messina-Civitaveccia/Rom-Genua

Also so wie die Route angebotene war: wegen "Unwetter" gab es diesmal zwei größere Abweichungen. Dies mal gleich schon vorab.

Preislich war diese Route "Westliches Mittelmeer" günstig: EUR 898,20 allein in der Innenkabine Nr.9201. Gebucht habe ich im Internet, ohne Reisebüro, Mitte Januar.

Der offizielle Preis (bei Belegung der Kabine mit 2 Personen) war jedoch nur je 399,- EUR, der „Einzelzimmerzuschlag" somit EUR 499,20.

Ferner wurden wir informiert, dass je Tag auf See EUR 9.90 als „Service Charge" auf der Bordkarte dem Konto des Reisenden belastet werde. Wer mit dem Service nicht zufrieden sei, könne diesen Betrag herabsetzen. Also eine Art Trinkgeld „verkehrt"!

Am 10.04.2016 machte ich im Internet den von MSC geforderten "Web Check In", wobei alle persönlichen Daten und die Passnummer anzugeben waren.

Da ein Zugang mit der Bahn München-Genua zu knapp war (Abfahrt München 7:18 Uhr, fahrplanmäßige Ankunft 17:44 Uhr, Abfahrt des Schiffes 18:00 Uhr), versuchte ich es diesmal mit einem von MSC angebotenen Bus-Zubringer, der war einen Tag früher zu benützen, bei der Anreise eine Übernachtung nahe Verona dabei. Preislich war diese Alternative (EUR 155,00) etwas günstiger als die Bahn, trotz der enthaltenen Übernachtung samt Frühstück. Ich nahm natürlich an, zurück gehe es auch wieder über Verona und Innsbruck, aber das war der zweite Irrtum.

Freitag, 22.04.2016 Abfahrt mit Bus

Nun so stand ich dann am Freitag, den 22.4. nachmittags um 14 Uhr mit meinem bewährten Rollkoffer im Busbahnhof, nicht im ZOB (Zentralen Omnibusbahnhof an der Hackerbrücke), sondern in München-Fröttmaning. Auf der Anzeige waren sogar die Abfahrten für 2 Busse nach Genua zu sehen.

Der erste Bus, ein Doppeldecker, nahm uns nicht an, der war voll, eine halbe Stunde später kam dann ein zweiter Bus, da war genug Platz drin. Die Busse der "Ideal Tours" waren sogar vollflächig mit "MSC Kreuzfahrten" beschriftet und kamen von Dresden.

Unterwegs gab es vom Personal servierte Heiß- und Kaltgetränke und sogar auch warme Speisen und Würstel zu mäßigen Preisen. Vor Kufstein wurde nochmals getankt und es gab noch eine Pause vor dem Brenner.

Vor Verona verließ der Bus dann die Autostrada und kurvte eine gute halbe Stunde lang durch diverse Vororte, bis er endlich beim Hotel Borghetti war. Es gab dann noch ein Buffet-Abendessen auf eigene Rechnung

Das Dreistern-Zimmer war in Ordnung, mich irritierte nur der hoch oben fest montierte Brausekopf in der Dusche anstelle einer verstellbaren Brause an einer Stange. Erstaunlicherweise gab dieser Brausekopf in der Früh aber einen gut konzentrierten und gebündelten Strahl warmen Wassers von sich, sodass ich die vorgesehene Duschhaube nicht benutzen musste.

.Samstag, 23.04.2016

Um 6:30 Uhr war Frühstück, um 7:30 Uhr Busabfahrt. Wir erreichten Genua somit am nächsten Tag nach einer Fahrt durch das Apennin-Gebirge mit zahllosen Kurven und Steigungen zeitgerecht.

Der Hafen von Genua

Aber eine weitere halbe Stunde kurvte der Bus kompliziert im Hafengelände von Genua herum, bis er endlich vor der Abfertigungshalle landete. Dann ging alles doch recht reibungslos, man musste nur vor der Gepäckkontrolle recht lange warten.

Natürlich lauerten draußen vor dem Eingang zum Schiff einige Fotografen wieder und knipsten alle Fahrgäste beim Einsteigen wild drauflos, ich konnte sie abwehren.

Die so produzierten Bilder wurden dann in einer großen Show auf Deck 6 ausgestellt. Dort waren aber auch jede Menge Hinweise: „Fotografieren verboten!"

Da kamen dann die beim Einsteigen Abgelichteten, suchten ihr Foto und sollten 40 EUR für zwei Fotos zahlen, das war vielen zu viel.

Da zückte mancher unauffällig sein Smartphone, aber die Fotoshop-Kontrolleure waren da gleich da und verhinderten dieses „illegale"

Kopieren. Wer jedoch gute Miene zum teuren Spiel machte und dort gar 5 Fotos kaufte, bekam weitere 5 gratis dazu!

Die MSC Armonia ist 275 m lang, 28,8 m breit und 54 m hoch, hat 13 Decks, 721 Besatzungsmitglieder und Platz für 2679 Gäste.

Das Schiff fährt im Mittel 18 Knoten schnell, das sind 18 x 1,852 = 33,33 km/h.

Die Innenkabine der MSC Armonia 9201 (10,8 qm groß, das Bad 2,2 qm) war diesmal sehr schön.

Sie hatte keine hinderlichen zusätzliche zwei Klappbetten rechts und links, wie z.B. auf der MSC Poesia, die ich ja nicht gebrauchen konnte. Ich hatte weder eine Großfamilie dabei noch die Absicht, in meiner Kabine eine Party zu veranstalten.

Dusche und WC funktionierten gut, im Gegensatz zur MSC Poesia.

Die MSC Armonia hatte einen Umbau hinter sich: dabei war dasSchiff im Trockendock in der Mitte auseinandergeschnitten und durch Einsetzen entsprechender Bauteile verlängert bzw. ergrößert worden.

Um 17 Uhr, also noch vor dem Auslaufen des Schiffes, gab es die obligatorische Notfallübung, diesmal sogar ohne Fotoverbot:

Die akustischen Signale an Bord:

- Allgemeines Notfall-Signal: sieben kurze Sirenentöne gefolgt von einem langen Ton.

- Mann über Bord Signal: drei lange Sirenentöne

- Feuer an Bord: zwei lange Sirenentöne

In der Kabine war der Sammelpunkt angegeben, also beim Ertönen des Notsignals Rettungsweste nehmen (nicht anlegen!) und hingehen, ohne die Aufzüge zu benützen.

Es war bemerkenswert, dass auch in den folgenden Tagen noch mehrere solche Notfallübungen stattfanden. Offenbar waren bei der ersten, offiziellen Notfallübung nicht alle Passagiere erschienen. Auch die erst in Marseille zusteigenden Passagiere sollten die Übung nachholen.

Damit das Bezahlen an Bord klappte, musste man sich an einem Terminal an Bord mit Kreditkarte und Bordkarte einloggen.

Ich hatte mich entschlossen, diesmal zur offiziellen ersten Essenszeit 18:45 Uhr abends immer ins Bedienrestaurant Marco Polo zu gehen, das kostete bis auf die Getränke nichts extra. Die Speisekarte war recht umfangreich und vielseitig, es war immer was für mich dabei. Ich bestellte meist die Suppe und den Salat, mehrmals auch Garnelen, aber auch die Pasta in der aktuellen Art war stets in Ordnung.

Auszug aus einer Abend-Speisekarte:

- Vorspeisen:
  - Frittierte Kalamari
  - Rohschinkenplatte
- Salat:
  - Tricolori-Salat mit Spinat, Tomaten, Mozzarella
- Suppen:
  - Rindfleisch-Tortellini in Brühe
  - Suppe mit roten Bohnen, Linguine, Salbei
- Pasta:
  - Lasagne bolognese
  - Risotto ala marina (mit Meeresfrüchten)
- Hauptgerichte
  - Fisch: - Grillplatte Schwertfisch, Tintenfisch, Garnelen
  - Fleisch: - Milchferkel nach sardischer Art
    - Kalbshaxe nach Mailänder Art
  - Vegetarisch: - Überbackene Auberginen neapolitanischer Art

Am mir zugeteilten Tisch waren noch zwei deutsche Ehepaare aus der Gegend von Tuttlingen bzw. Sachsen und ein österreichisches Ehepaar aus Salzburg.

Ferner eine Dame allein, die man neben mich setzte und zwei freie Plätze, die wurden einmal mit zwei Chinesinnen besetzt, die ständig, auch während des Essens, ihre Smartphones betätigten.

Ich bestellte stets das Standardgetränk, das bezahlt werden musste (EUR 2,77 inkl.), das war ein halber Liter Mineralwasser, mit oder ohne Gas.

Die Österreicher bestellten jedes Mal einen Rosewein, der kostete ab EUR 16,- die Flasche zu 0,75 l, die schafften sie zusammen an einem Abend.

Einen ähnlichen Wein kostete ich auch. Meine Wein-Flasche wurde – da noch nicht ausgetrunken - nach dem Essen mit der Kabinennummer vom Ober beschriftet und sodann in die Kühlung gebracht, am nächsten Tag gleich wieder unaufgefordert am Tisch serviert.

Das Mineralwasser, sofern nicht ausgetrunken, nahm man einfach sich mit in die Kabine.

Am Pool-Deck der MSC Armonia gab es eine „Kübeldusche".

Da können die Gäste der „Aida" nur neidisch herübergucken!

Der Minigolfplatz an Deck der MSC Armonia

Pooldeck der MSC Armonia

Es gab zahllose Sonderangebote an Bord unter der Überschrift:

DRINK MORE, PAY LESS!

Beispiele:

- Cocktail Package EUR 67: 12 alcoholic cocktails from bar list
- Draught Beer Package EUR 58: 14 large draught beer 40cl
  (1 l Bier somit EUR 10,36, vgl. Preis der Mass am Oktoberfest)

und die Anmerkung: Unused coupons cannot be reimbursed...

oder Tagespauschalen:

- Allegrissimo Premium Adult EUR 44 per day:
  Unlimited consumption in bars and restaurants, including wide range of classic and premium cocktails, selection of fine wine by the glass, draught and bottled beer....

Das war nichts für mich, es gab aber sicher Passagiere, die sich täglich volllaufen ließen und dabei glücklich waren...

Oder aus dem Wellness-Bereich:

MSC AUREA SPA

30 min balinesische Massage 42 EUR statt 70 EUR
55 min Kräutermassage mit Heilkräutern EUR 71,40 statt 119 EUR
Himalayan Dream mit fossilem Himalaya-Salz EUR 66 statt EUR 110
usw.

Nach 18 Uhr ging es dann los. Die "MSC Armonia" lag gegenüber der "MSC Preziosa" am Kai, letztere fuhr zuerst los nach dreimaligem Sirenengebrüll, das die Armonia natürlich erwiderte. Die Preziosa fuhr die gleiche Tour, aber in umgekehrter Richtung.

Aus dem Hafen Genua heraus war der Fahrweg recht kompliziert und unübersichtlich, das Wetter war am Abend schön und warm.

Spät am Abend kam dann immer die Bordzeitung "DAILYprogram" samt Anlage "DAILYspecials". Im Programm waren dann immer alle Zeiten angegeben für Ausflüge und Mahlzeiten sowie das abendliche Theaterprogramm, im "Specials" waren dann Wellness, Casino, Geschäfte, Bar-Sonderangebote etc. Diese Blätter wurden unter der Kabinentüre hineingeschoben.

Der Kabinensteward "machte" jeden Abend das Bett zum Schlafen bereit, was mich aber nicht mehr irritierte, das kannte ich schon von vorhergehenden Kreuzfahrten.

Er bekam auch ein Trinkgeld von 10 EUR, wofür er sich nachher bedankte. Diesmal waren das keine Filipinos, sondern Leute vom Balkan. Man erklärte uns, die Saison für die Filipinos sei erst einen Monat später.

Da dies schon meine zweite Kreuzfahrt mit MSC war, trat ich in den „MSC Voyagers Club" ein, erhielt eine besondere Bordkarte Nr.1812318, Mitgliedschaft „Classic" und freute mich:

„Das Meer und die Entdeckung neuer Reiseziele ist unsere Leidenschaft. Der MSC Voyagers Club ist unser Dank an Gäste, die diese Leidenschaft mit uns teilen. Es erwartet Sie eine Welt der Privilegien und Vorteile, mit denen Sie Ihre Reise in vollen Zügen genießen können. In Kürze wird MSC Voyagers Club Ihre Reisefreude belohnen!" Dazu siehe unten am 28.04.2016 eine Einladung des Kapitäns.

Die Österreicher an unserem Tisch waren da schon in der höchsten Klasse des „Voyagers Club", so oft waren sie schon gefahren. Sie erzählten mir, eine Belohnung dafür sei gelegentlich ein Glas Wein oder Prosecco ohne Berechnung….

Sonntag, 24.4.2016

Trotz Ankündigung im "Dailyprogram":

Groß war die Überraschung und Enttäuschung: Wegen Schlechtwetter (Windgeschwindigkeiten von 80 km/h) kein Marseille/Avignon und auch kein Menorca, nur Cannes und St..Raphael. Das Ausflugs-Ticket Marseille wurde in "Cannes" umbenannt, das Ticket Menorca gutgeschrieben.

Tendern mit den Rettungsbooten der MSC Armonia

Auch kein Anlegen des Schiffes um 8:00 Uhr in Cannes, dazu war der Hafen nicht geeignet. Die motorgetriebenen Rettungsboote der MSC Armonia dienten als Tenderboote, das war sehr interessant, wie die Mannschaft dies handhabte. Vorher musste man mit der MSC-Bordkarte "auschecken".

Am Kai gab es dann den Bus und der fuhr in westlicher Richtung die küstennahe, gewundene Landstraße entlang, parallel zur ebenso küstennah verlaufenden Eisenbahn. Wir kamen am rot gefärbten Esterel-Gebirge vorbei, dort wurde ein Fotostopp eingelegt.

Dann erreichten wir St.Raphael, die Führerin entließ uns zur Besichtigung der Kathedrale, der Innenstadt und empfahl uns dann McDonalds zum Mittagessen. Die Kirche, deren Orgel und ein französisches Freiheitsmonument in der Stadt waren sehenswert.. Am Meeresstrand war ein prächtiges, zweistöckiges Ringelspiel aufgestellt, das drehte sich unermüdlich, obwohl nur ein Kind drinnen saß.

Bei McDonalds ergab sich ein Problem: Barzahlung war nicht möglich. So versuchte ich, meinen Hamburger zu EUR 1,20 mit meiner MasterCard zu zahlen: das gelang auf Anhieb, ich bekam einen Bon am Automaten ausgedruckt, mit dem ich meinen Hamburger an der Theke abholen konnte.

Dazu wäre noch zu ergänzen, dass ich schon in der nächsten Woche von der Bank den Belastungsbeleg bekam. Das nur kurz zum Thema Abschaffung der Barzahlung und internationale Bankenvernetzung.

Zurück nach Cannes fuhr der Bus auf der Autobahn im Landesinneren und war in einer halben Stunde zurück in Cannes.

De Führerin entließ uns am Kai und ermahnte uns, pünktlich zurück zu sein. Ich besichtigte dann noch den enormen Park an Luxus-Schiffen und Yachten im Hafen und bestellte mir ein Eis an einem Stand.
Dann wanderte ich zurück zum Landepunkt und mit dem Armonia-Rettungsboot ging es dann, nach Bordkartenkontrolle, wieder aufs Schiff zurück, das gegen 18:00 Uhr ablegte.

MSC Armonia auf Reede

Ich besuchte den Internet-Shop an Bord, um meine emails anzusehen. Das Netz war einigermaßen stabil und schnell, für 10 Minuten waren EUR 3,50 fällig. In Landnähe war auch Telefonieren mit dem Handy preiswert möglich.

Montag, 25.04.2016

Wir hatten uns zur Ruhe gelegt, aber das Unwetter erreichte auch uns, obwohl das Schiff nach Süden, in Richtung Korsika und Sardinien abgedreht hatte. Das war ein Schütteln, Stoßen, Kippen und schlafen war dabei fast nicht möglich. So heftig hatte ich noch keine Kreuzfahrt erlebt.

Das war auch zugleich schon der Beginn des „Seetages" (auch „Erholung auf See") genannt. Das bedeutete, dass das Schiff den ganzen Tag „auf See" unterwegs war, ohne einer Anlandung irgendwo.

Das ist dem Schifffahrtsunternehmen jedoch sehr recht, haben doch die Gäste nun endlich den ganzen Tag Gelegenheit, die kostenpflichtigen Wellnessangebote in Anspruch zu nehmen und damit zusammen auch viel an den diversen Bars des Schiffes zu konsumieren und in den Shops ausgiebig einzukaufen, mit Belastung der „Bordkarte". Abends war dann sogar Gelegenheit, im Casino Roulette zu spielen.

Routenmäßig spielte sich die Reise so ab, dass das Schiff sehr langsam von Cannes in südlicher Richtung fuhr, an Korsika vorbei, dann an die Westseite von Sardinien kam und um die Südspitze von Sardinien herum dann am nächsten Tag vor Cagliari vor Anker zu gehen.

Insel vor Sardinien

Dienstag, 26.04.2016 Cagliari, Sardinien

Frühstück gab es im Selbstbedienungsrestaurant „Il Girasole & La Brasserie Cafeteria" auf Deck 11 schon ab 6:00 Uhr.

Im Hafen von Cagliari konnten wir ein großes Frachtschiff, eine Schnellfähre und das Kreuzfahrtschiff „Aida bella" bewundern, das neben uns angelegt hatte.

Hafen von Cagliari

Ich hatte den Ausflug „CAG06 – Cagliari Sightseeing & Folk Show" gebucht, da musste man um 8:30 Uhr im „Teatro La Fenice" sein.

Von dort erfolgte dann der Abmarsch zum Bus 5 „MSC Excursions Discoveries designed for you, der am Kai bereitstand.

Zuerst gab es eine Stadtrundfahrt zum Castello, Turm St.Pancracio und Kathedrale, dann machten wir eine Pause auf einer Anhöhe mit Blick auf die Stadt, den Hafen und die berühmte Halbinsel mit dem „Teufelszahn".

Der „Teufelszahn" von Cagliari

Unten lagen auch zahlreiche große Meerwasserbecken zur Salzgewinnung. Man erzählte uns, diese Wasserflächen würden von Flamingos frequentiert und dass die Salzgewinnung inzwischen eingestellt sei

Die Busfahrt ging dann nach Maracalagonis, wo uns schon die Volkstanzgruppe erwartete.

 Im Innenhof eines Hauses, der Casa Atzeri, waren da so an die 10 Tänzerinnen und Tänzer der Gruppe Calagonis in Volkstracht versammelt, moderiert von Seniorchef Vincenzo, wenn auch in Italienisch.

Folklore mit „Calagonis"

Sie hatten da diverse Musikinstrumente dabei, wie Ziehharmonika, Tamburine, Gitarre und besondere, dünne Flöten, die sie virtuos zu den dargebotenen Tänzen handhabten, während wir mit sardischen Leckerbissen verköstigt wurden.

Man erzählte uns, das seien keineswegs professionelle Tänzer, vielmehr hätten sie alle einen Beruf und die Folk Show sei für sie ein Hobby. Zum Abschluss nach etwa 3 Stunden gab es dann noch was zu kaufen.

Ich nahm einen Likörwein mit als Andenken. Das war ein „Apassili", nasco di Cagliari, vino raro e prezioso, von der „Cantina Sociale di Quartu" aus Maracalogonis.

Cagliari

Gegen 17 Uhr legte dann die MSC Armonia Richtung Malta ab (328 Seemeilen). Mit uns parallel fuhr ein kleines Boot, beschriftet mit „Pilot". Das war das Lotsenboot, das etwas außerhalb des Hafens ganz nah an unser Schiff herankam, worauf der „Pilot" vom 2.Deck der MSC Armonia auf sein Boot hinübersprang und dieses unter winke winke,von der Armonia abdrehte.

Mittwoch, 27.04.2016 La Valetta, Malta

Malta ist ein selbständiger Staat, bestehend im wesentlichen aus drei Inseln Malta, Comino und Gozo, etwa 90 km südlich von Sizilien gelegen und manchmal sogar von dort aus zu sehen.

Malta ist Mitglied der EU, die Währung ist somit der Euro und hat 450000 Einwohner, die Landessprachen sind Maltesisch und Englisch. Bekannt ist Malta auch durch den „Souveränen Malteserorden", der seit dem 16.Jahrhundert auf der Insel herrschte. Auch heute noch gibt es z.B. bei uns „Malteser Rettungsdienste"

Hauptstadt ist La Valetta. Bemerkenswert: Ganz Malta ist aus Sedimentgestein aufgebaut, dessen Kalkstein das Material für die Bauten ist. Ziegelsteine sind keine zu sehen.

Die Einfahrt in den engen Hafen La Valetta gegen 13:30 Uhr war bemerkenswert, das große Kreuzfahrtschiff muss ganz langsam und vorsichtig hineinbugsiert und gedreht werden. Die Gebäude reichen bis an den Hafenrand. Im Hafen konnte man ein Boot sehen, ähnlich den Gondeln in Venedig.

Natürlich gab es wieder eine Änderung der Landausflüge, keine Hafenrundfahrt und Weinprobe. Ich buchte um auf „Rabat, Mosta und Mdina". Das Versprechen: „drei der wichtigsten Highlights von Malta" sollten besichtigt werden. Im übrigen wird in Malta, so wie in England, links gefahren!

Gleich in Rabat stoppte der Bus bei einer Glasbläserei mit angeschlossenem Laden. Die dort hergestellten Flaschen und Behälter leuchteten in phantastischen Farben und sahen großartig aus.

In Mosta bewunderten wir die großartige Maria-Himmelfahrts-Kirche mit „einer der größten freitragenden Kuppeln der Welt".

Im Inneren war ein Denkmal mit einer Bombe, die im Krieg 1942 die Kuppel durchschlug, aber nicht explodierte.

Der Bus fuhr dann hinauf nach Mdina, diese Stadt liegt auf einem Berg und ist eng verbaut. In der Stadt selber dürfen Autos nicht hinein, nur Pferdetaxis. Man kann die engen Gassen und Plätze und die alten Befestigungsanlagen, Bastionen, grün bepflanzten Burggraben etc. bewundern, wie auch die St.Pauls-Kathedrale und die Aussicht auf ganz Malta genießen.

Die eigenartigen, maltesischen Namen dieser Orte sind jedoch von Vorbildern wie Medina, Rabat und Mostar entlehnt, so erklärte es uns unsere Führerin.

Gegen 21 Uhr legte das Schiff ab nach Messina, 149 Seemeilen Fahrt.

Donnerstag, 28.04.2016 Messina, Sizilien

Vorerst eine allgemeine Bemerkung: Die Ankunft war gegen 7:30 Uhr, da erhebt sich die Frage, wie das Schiff 10,5 Stunden für 149 Seemeilen brauchen kann. 149 See-meilen sind 149 x 1,852 km = 276 km, somit 26 km/h statt 33,33km/h.

Aber im Langsamfahren haben alle Kreuzfahrtschiffer offenbar Übung, siehe oben statt von Marseille über Mahon nach Cagliari fuhr das Schiff von Cannes direkt nach Calgiari in der gleichen Zeit und inszenierte so einen vorher nicht geplanten „Seetag".

Die Insel Sizilien ist bei Messina vom italienischen Festland nur ca. 5 km entfernt.

Es gibt viele Pläne zur Errichtung einer Brücke zwischen Italien und Sizilien für Straße und Bahn, die aber alle noch weit von einer Realisierung entfernt sind.

Interessant ist in dem Zusammenhang z.B., dass auf Sizilien und am Festland noch zwei einander gegenüberstehende hohe Masten zu sehen sind, die früher die Freileitung für Strom vom Festland auf die Insel trugen, die heute aber entfernt und durch ein Seekabel ersetzt wurde.

Messina wurde in der Vergangenheit häufig von Erdbeben heimgesucht. Eines der schlimmsten Erdbeben und Seebeben war 1908, das fast die ganze Stadt zerstörte und 80.000 Tote hinterließ.

Die „Madonna della Lettera" in der Hafeneinfahrt

Bei der Hafeneinfahrt steht eine Säule mit der Statue der „Madonna des Briefes" (Madonna della Lettera), der Schutzpatronin von Messina. Nach der antiken Überlieferung kam der Apostel Paulus 42 n.Chr. nach Messina, worauf eine Gesandtschaft zu Maria nach Jerusalem reiste, die damals noch lebte. Sie überreichte ihnen einen

Brief mit Segenswünschen und der Übernahme der Schutzpatronatschaft. Der Brief ist nicht mehr erhalten, die beigefügte Haarlocke der Madonna wird als wertvolle Reliquie noch heute bei Prozessionen mitgeführt.

Kathedrale von Messina, vom Hafen aus

Schon im Hafen konnte man in der Stadt ein großes, überragendes Gebäude mit Turm sehen. Da kein Kreuz auf dem Turm war, dachte ich, das sei ein profanes Gebäude. Das war aber die berühmte Kathedrale von Messina, die wir zuletzt besichtigen sollten.

Zuvor gab es noch die Stadtrundfahrt nach Ganzirri mit den zwei Seen Pantano Grande und Piccolo, wo wir viele Fischerboote sahen und Verkaufsstände für Fische. Über den Capo Peloro mit Blick zum Festland Italien (Kalabrien) fuhren wir dann über den Piazza Cairoli, die Kirchen Christo Re und San Francesco zur Kathedrale.

Dort gab es innen die berühmte Schatzkammer mit dem Manta dOro (Goldener Umhang der „Madonna des Briefes") zu sehen, leider mit

Fotografierverbot. Die große Tamburini-Orgel mit 16.000 Pfeifen hatte fünf Teile („Klangkörper") und demnach fünf Manuale, einer der Kästen war gerade in Reparatur.

Dann war es 12 Uhr und alle versammelten sich außen beim Turm (Kampanile), um das berühmte, vielfältige und umfangreiche Ungerer-Glockenspielwerk zu hören und auch zu sehen.

Kathedrale von Messina mit Turm mit Glockenspiel

Dieses wird durch eine aufwändige Mechanik, über das ganze Turminnere verteilt, gesteuert. Es gibt

- 54 bewegliche Figuren
- „Herz der Uhr", ein kompliziertes Bewegungsgetriebe
- Schlagen der Viertelstunden und Stunden
- 9 Motore zum Wiederaufziehen der Gegengewichte
- Planetarium und Mondkugel

und im einzelnen:

- Karussell der Wochentage, 7 heidnische Gottheiten
- Karussell der Menschenalter Kindheit, Jugend, Krieger, Greis
- Totengerippe schlägt mit der Sense die Stunden

- Die Kirche von Montalto und die Taube erscheint

- Biblische Szenen im Kirchenjahr mit 34 Statuen in Lebensgröße, beweglich

- Die Madonna des Briefes, Schutzpatronin von Messina, wird von vorbei sich bewegenden Heiligen verehrt

- Dina und Clarenza, zwei Statuen aus Bronze, außen am Turm, schlagen zwei Glocken, Stunden und Viertelstunden

- Ein goldener Hahn 2,2m groß, kräht dreimal, flattert mit den Flügeln

- Ein goldener Löwe bewegt sich und eine Fahne und brüllt dreimal.

Dina und Clarenza und der Hahn

Das war schon sehr eindrucksvoll, sehens- und hörenswert.

Dann mussten wir gleich weiter, denn schon gegen 13:30 Uhr war Abfahrt des Schiffes, Richtung Rom, über den Hafen von Civitaveccia.

Im Fotoshop gab es ein Angebot: Ansichtskarten nach Auswahl plus Postversand, ein Briefkasten war im Shop montiert. Ich kaufte vier Karten samt Porto, zwei nach Deutschland, eine nach Österreich, eine nach Kanada. Das kostete inklusive Porto je Karte 2,90 Euro. Was damit dann passierte: siehe weiter unten.

Ferner gab es ein DVD-Angebot im Fotoshop („Offer oft he day, Goldenen DVD package") um 49,99 EUR statt EUR 69,97 mit 3 DVDs und einer CD

- My Cruise
- My Ship
- My Excursions
- Photo CD (MSC Dream 50 photo)
- Photo of Ship 90x30cm

Ich bestellte so ein Angebot und hatte es auch gleich zu bezahlen, abzuholen wäre es, so sagte man mir, erst am letzten Abend, denn es würden noch Fotos dazukommen. Erst zu Hause konnte ich mir dann diese „Package" ansehen: Ergebnis: siehe weiter unten.

Dann bekam ich eine erste Einladung vom „MSC Voyagers Club", einen „Wellcome Back"-Cocktail mit dem Kapitän um 20:30 Uhr im Theater La Fenice, Deck 6, einzunehmen. Mit der Anmerkung: Kleiderordnung: Gala. Das war also der erste Vorteil für Gäste, die sich erneut für MSC Kreuzfahrten entschieden hatten.

Ich war verstört durch die Kleiderordnung „Gala", doch das wurde nicht ernst genommen. Wer wollte, konnte in Gala kommen, wer nicht, kam leger. Der kümmerliche Rest des berühmten „Captains Dinner".

Es gab einen Prosecco, wer wollte, bekam noch einen weiteren. Der Kapitän erschien dann auch, redete aber nichts, sondern überließ das einem Conferencier.

In der Bordzeitschrift „DAILY specials" gab es folgende Angebote am Schiff:

- Attraktive Swarowski-Kristalle Deck 5
- Bijou Nouveau-Accessoires Deck 11 im Pool
- Cosmopolitan Cocktail mit Alkohol: EUR 5,90 an allen Bars
- Fruit Smoothie ohne Alkohol EUR 3,30 an allen Bars
- Palm Beach Casino (Roulette)
- Paradies Lotto Top Preis 00:00 Uhr
- Thriller Night – gruselige Cocktails
- Spa Doctor: Q-Frequency Lifting Effect und
- Decolletebehandlung EUR 50,00

Freitag, 29.04.2016 Rom – Civitaveccia

Ankunft war gegen 9:00 Uhr. Der Hafen von Civitaveccia liegt breitenmäßig eigentlich nördlich von Rom, die Anfahrt von dort mit dem Bus nach Rom dauert dementsprechend 1,5 Stunden. Es hätte neben der Stadtrundfahrt auch einen Besuch der vatikanischen Museen gegeben, aber die kannte ich schon. Das Motto des Landausfluges: Christenheit und Antike.

Zuerst besuchten wir das Kolosseum (Amphitheatrum Flavium) mit Führung durch die weitläufigen unten gelegenen und zum großen Teil wiederhergestellten Bauten, dazu musste man sich anstellen, der Andrang war sehr groß. Das Kolosseum hatte Platz für bis zu 50.000 Zuschauer (Vergleich: das Fußballstadium München, die Allianz Arena, hat 60.000 Plätze). Berühmt ist das Kolosseum durch die schaurigen Gladiatorenkämpfe.

Dann besichtigten wir den Fontana di Trevi, den berühmten Trevibrunnen mit seinen Marmorgestalten. Der Brunnen war umlagert von Zuschauermassen, wir zogen dann – ohne eine Münze hineinzuwerfen - weiter.

Über die Piazza Navona kamen wir zum Pantheon, einem bemerkenswerten Bau mit gewaltiger Kuppel.

Wie schon der Name sagt, war er zu Ehren von sieben römischen Göttern errichtet worden - schon in der Ántike konnte man enorm große Kuppeln bauen.

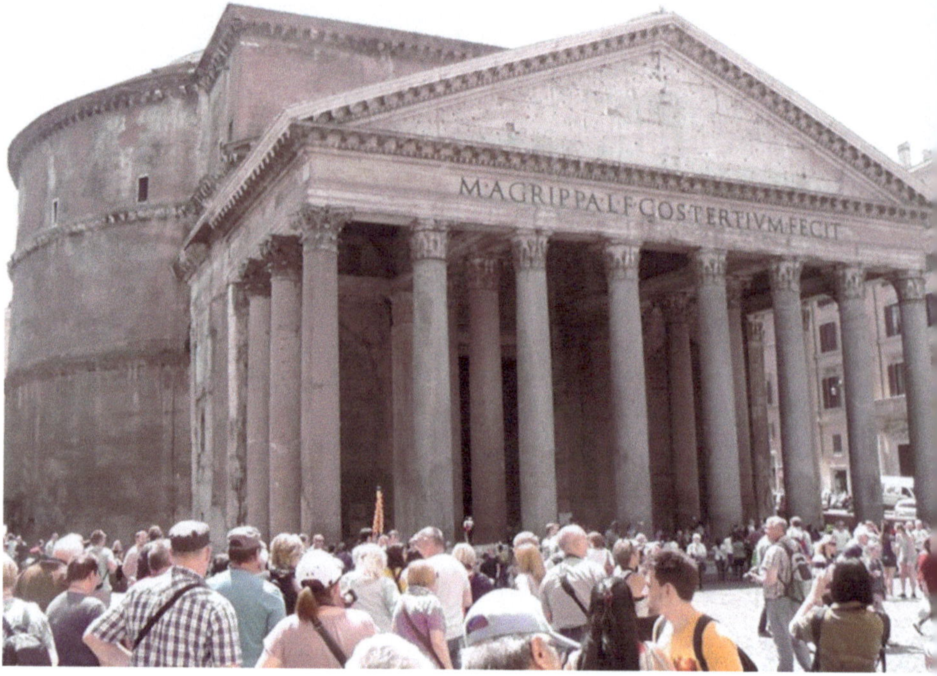
M·AGRIPPA·L·F·COS·TERTIVM·FECIT

PANTHEON
BASILICA SANTA MARIA AD MARTYRES
MASS: Sunday and holidays 10.30 am_ Saturday and days before holidays 5 pm
OPENING TIMES: Sundays 9 am - 6 pm_ holidays 9 am - 1 pm_ weekdays 8.30 am 7.30 pm
THE BASILICA IS CLOSED ON: 1st JANUARY; 1st MAY; 25th DECEMBER

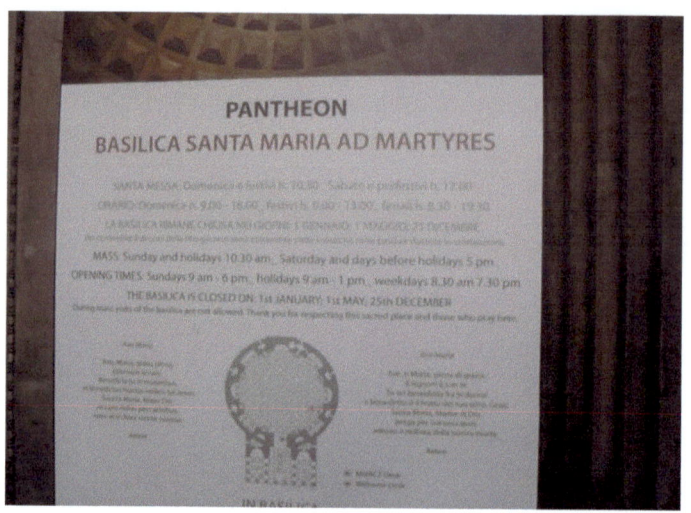

Heute ist das Pantheon die „Basilica Santa Maria ad Martyres", also die Basilika Maria der Märtyrer.

Sie untersteht, obwohl mitten in Rom, dem Vatikan, wie eine Tafel zeigt.

Der Bus brachte uns dann zum Mittagessen in ein Restaurant nahe der Vatikanstadt und fuhr dann in eine Tiefgarage, die wir per pedes verließen und mitten in der Vatikanstadt herauskamen. Nun war es jedem freigestellt, was er am Petersplatz weiter tun wollte: den Petersdom besichtigen war in Anbetracht der langen Warteschlange zeitlich wohl nicht zu schaffen. Ich kannte den Dom und die vatikanischen Museen schon von meinem Besuch in 1954.

Ich entschloss mich dazu, das vatikanische Postamt zu besichtigen und ein paar Briefmarken zu kaufen. Der Gedanke war natürlich dabei, dem Postbeamten einen größeren Geldschein zu geben in der Hoffnung, eine vatikanische 1-Euro-Münze herausgegeben zu bekommen.

Ich nannte dem Postler einen Budgetbetrag, er stellte mir dafür eine prächtige Auswahl vatikanischer Briefmarken zusammen, aber einen vatikanischen Euro gab es nicht, der ist sehr begehrt und rar. Wenigstens mehrere vatikanische 50-cent-Münzen gab er mir heraus, da war dann schon etwas.

Dann hatten wir uns zu treffen im „Domus Artis", einem Shop mit Souvenirs, Articoli religiosi und Arte del Mosaico in der Via Della Concilazione 48, das ist die berühmte, breite Straße, die direkt auf den Petersplatz führt.

Dann bestiegen wir wieder unseren Bus in der Tiefgarage und zurück ging es zum Schiff, vorbei am Bahnhof Vatikanstadt. Gegen 19 Uhr legte die MSC Armonia ab, zurück nach Genua.

Ich hatte an unserem Restauranttisch erzählt, dass ich ein Buch geschrieben hätte:

„Kreuzfahrer Mit AIDA, COSTA und MSC unterwegs".

Das gab ich an diesem letzten Abend nach dem Essen den Gästen am Tisch zu lesen und alle vier Exemplare, die ich mithatte, waren im Nu verkauft.

Tags zuvor hatte ich schon versucht, das Buch der MSC Armonia Bordbibliothek zu schenken, aber das Servicepersonal lehnte das ab, ich hätte statt dessen ein Buch nur über MSC schreiben sollen.

Samstag, 30.04.2016 - Reiseende – Genua

Ankunft gegen 09:00 Uhr.

Wie schon bei den Kreuzfahrten zuvor, verzichtete ich darauf, das Gepäck in der Nacht vor die Kabinentür zu stellen. Ich hatte ja eine Rückfahrt mit einem deutschen Bus gebucht.

Für diese Option hatte MSC offenbar keine Routine auf Lager, ich war froh und beförderte mein Gepäck nach dem Frühstück ohne Schwierigkeiten an Land und auf den Parkplatz, wo uns der Bus abholen sollte. Die „Cruise Card" war am Ausgang der Gangway vorzuzeigen, sie wurde eingelesen und damit hatte ich das Schiff offiziell verlassen.

Auf dem Parkplatz vor dem Schiff in Genua warteten wir dann über eine Stunde lang auf den Bus, der uns nach München zurück bringen sollte. Als der Doppeldecker dann kam, war er voll ausgebucht, also recht wenig Platz und unbequem. Ich weiß nicht, was da Zeitgenossen am Busreisen finden.

Interessant war die Route zurück: nicht über Verona-Brenner-Innsbruck-Kufstein, sondern über Mailand – Bellinzona - San Bernardino-Pass – Reichenau - Chur – Bregenz – Memmingen – München.

Unterwegs waren mehrere Halte vorgesehen, üblicherweise an Raststätten oder Restaurants.

Ziemlich müde und erschöpft kamen wir gegen 20 Uhr in München – Fröttmaning an.

Nachlese

Nach dieser Reise musste ich eine Beschwerde-Email an MSC loslassen:

- Von den MSC-Ansichtskarten war noch keine einzige angekommen

- DVD-Package, Mängel:

  Die DVD My Cruise sollte folgende Filme beinhalten:

  - Genova
  - At Sea
  - Valetta
  - Cagliari
  - Messina
  - Rom/Civitaveccia fehlte überhaupt

- Über Valetta und Messina war nichts auf der DVD, statt
- dessen Aufzeichnungen von zwei Shows (z.B. Ausschnitte von Wizard of Oz) an Bord und die Vorstellung der Crew auf italienisch

- Die DVD Dream 50 Photos war beschriftet mit „MSC Musica", enthielt aber nur Fotos der MSC Armonia vom 14.5.2009, also 7 Jahre alt und aufgenommen noch vor dem Umbau der MSC Armonia, Fotos somit unaktuell und uralt!

  Die DVD „My Ship" erschien beim Abspielen als „My Cruise" - irreführend!

Die DVD „My Excursions" zeigte nicht meine Landausflüge, sondern war lediglich eine Kopie der Werbung für die MSC Landausflüge aus dem Internet vom 28.4.2015.
Außerdem fehlte Cagliari.

Das Foto der MSC Armonia hatte auch nicht 90 x 30 cm Größe, wie beworben, sondern nur 20 x 15 cm!

MSC reagierte recht patzig auf die Beschwerde und belehrte mich, dass auf See nicht europäisches Recht, sondern panamesisches gelte, da das Schiff unter panamesischer Flagge fahre, und 10 Tage Reklamationsfrist gelte.

Ferner, dass die an Bord abgegebene Post von den Kollegen an der Information den jeweiligen Agenten zum Versand übergeben bzw. von Bord direkt zum nächsten Postamt gebracht wird.

Der weitere Versandweg entziehe sich dem Einfluss der Reederei....

MSC wollte sich nach Erhalt der Rückmeldung der Zentrale wieder mit mir in Verbindung setzen: aber bis heute 8.2.2017 keine Reaktion mehr.

Trara die Post ist da!

Dafür aber eine große Überraschung: Anfang September 2016 kamen endlich drei der vier Karten nach über 4,5 Monaten Laufzeit beim Empfänger an: zwei in Deutschland, eine in Österreich. Sie waren in der Schweiz (!!) aufgegeben und frankiert worden.

Die vierte Ansichtskarte nach Kanada war dann schließlich dort am 14.09.2016 angekommen.

Ausschnitt der Frankierung auf der Ansichtskarte nach Kanada: ohne Datum der Einlieferung!

ASENDIA ist hierzulande unbekannt, es ist ein französisch-schweizerisches Postunternehmen, das 2012 gegründet wurde.